国务院发展研究中心研究丛书 **2014**

丛书主编 ▪ 李 伟

新时期我国财政、货币政策面临的挑战与对策

China's

Fiscal Policy and Monetary Policy

Challenges and Solution in New Stage

余 斌 张俊伟 等著

中国发展出版社

CHINA DEVELOPMENT PRESS

图书在版编目（CIP）数据

新时期我国财政、货币政策面临的挑战与对策／余斌，张俊伟等著.
北京：中国发展出版社，2014.8

（国务院发展研究中心研究丛书/李伟主编 . 2014）

ISBN 978-7-5177-0180-4

Ⅰ.①新⋯ Ⅱ.①余⋯ ②张⋯ Ⅲ.①财政政策—研究—中国 ②货币
政策—研究—中国 Ⅳ.①F812.0 ②F822.0

中国版本图书馆 CIP 数据核字（2014）第 133164 号

书　　　名：新时期我国财政、货币政策面临的挑战与对策
著作责任者：余斌　张俊伟 等
出 版 发 行：中国发展出版社
　　　　　　（北京市西城区百万庄大街 16 号 8 层　　100037）
标 准 书 号：ISBN 978-7-5177-0180-4
经 销 者：各地新华书店
印 刷 者：北京科信印刷有限公司
开　　　本：700mm×1000mm　1/16
印　　　张：14.25
字　　　数：150 千字
版　　　次：2014 年 8 月第 1 版
印　　　次：2014 年 8 月第 1 次印刷
定　　　价：38.00 元

联 系 电 话：（010）68990630　68990692
购 书 热 线：（010）68990682　68990686
网 络 订 购：http：//zgfzcbs. tmall. com//
网 购 电 话：（010）88333349　68990639
本 社 网 址：http：//www. develpress. com. cn
电 子 邮 件：bianjibu16@ vip. sohu. com

"新时期我国财政、货币政策面临的挑战与对策"
课题组

课题负责人

余　斌　国务院发展研究中心宏观部部长，研究员

课题协调人

张俊伟　国务院发展研究中心宏观部第三研究室主任，研究员

课题组成员

魏加宁　国务院发展研究中心宏观部巡视员，研究员

孟　春　国务院发展研究中心宏观部副部长，研究员

张立群　国务院发展研究中心宏观部副巡视员，研究员

陈昌盛　国务院发展研究中心宏观部第一研究室主任，研究员

吴振宇　国务院发展研究中心宏观部第二研究室主任，研究员

苟文峰　重庆市信息中心经济研究所所长，西部之光访问学者

任泽平　国务院发展研究中心宏观部第一研究室副主任，副研究员

戴　慧　国务院发展研究中心宏观部第二研究室副主任，助理研究员

王莹莹　国务院发展研究中心宏观部助理研究员

江　宇　国务院发展研究中心宏观部助理研究员

唐　滔　中国人民银行金融研究所助理研究员

朱太辉　中国人民大学财政金融政策研究中心博士

甘顺利　中国人民大学财政金融学院博士

张　洋　中国人民大学财政金融学院博士生

谭　聪　中国人民大学财政金融学院博士生

杨　坤　西南财经大学中国金融研究中心博士生

赵伟欣　北京科技大学经济管理学院硕士

总　序

积极发挥智库作用　全力为改革服好务

国务院发展研究中心主任、研究员　李伟

　　去年11月召开的党的十八届三中全会，掀开了中国改革开放新的篇章，标志着中国进入全面深化改革的历史新阶段，对于全面建成小康社会、实现中华民族伟大复兴的中国梦具有重大而深远的指导意义。

　　改革的成功，需要正确的方向和可行的方法。过去三十多年的实践表明，中国特色的改革道路，以"三个有利于"为标准，既坚持了正确的方向，又找到了可行的方法。进入新时期的改革，涉及面更为广泛，调整利益格局更加艰难。我们必须以全球视野、战略思维，深化改革理论研究，密切结合世情国情，积极关注社情民意，科学认识全球结构调整和体制变革的方向、趋势，正确认识和把握民众诉求，遵循经济社会发展的规律，提升驾驭改革的综合能力，确保三中全会提出的各项改革任务圆满完成。为此，需要特别处理好理论指导与实践探索、加强党的统一领导与发挥各方创造性、积极果敢与稳妥推进、效率与公平、经济体制改革与社会体制改革等方面关系。

经济体制改革是全面深化改革的重点，其核心是处理好使市场在资源配置中起决定性作用和更好发挥政府作用的关系，而使市场发挥决定性作用是当前改革的主要矛盾方面。当前，我国经济正处在向中高速增长阶段转换的关键期。增长阶段转换表面上看是速度的换挡与调整，但在本质上是增长动力的转换与接续。我国经济能否在一个新的增长平台上良好运行，规模与质量、速度与效益的关系达到一种新的平衡，关键在于切实转变发展方式和着力培育经济增长新动力。

今年以来，我国在经济下行压力加大、局部风险开始显露的同时，结构调整取得积极进展，表现为服务业发展势头良好，消费对经济增长的贡献提高，就业状况不断改善等。这些积极变化也反映了我国经济正在向新常态平稳过渡。在此情况下，我们要充分地认识到改革举措有供给侧和需求侧之分，有见效慢和见效快之别。在抓好相对慢变量重大改革的同时，适当加大需求侧的改革措施，进一步发挥扩需求、稳增长的作用，与促进需求政策形成合力效应，通过换机制、调结构，着力培育增长新动力。

具体而言，近期，应以调整投资结构、稳定投资增速、化解金融风险为重点，积极推进相关重点领域改革和政策调整。如清理规范地方融资平台，推进地方政府合规融资；发挥政策性金融机构对住房和基础设施建设的支持作用；推动资产证券化，盘活存量；做好舆论引导、风险隔离、社会保障等配套工作，积极化解局部风险；与结构性减税政策相结合，积极推进加速折旧；治理产能过剩，推动产业结构调整等等。

中长期，则应把有利于稳增长、调结构、促转型的重大改革放在优先位置。推动以破除行政性垄断、促进竞争为重点的基础产业领域改革，提高非贸易部门的效率；围绕降低企业综合成本，推动土地、金融、流通、知识产权保护等领域改革，增强企业盈利能力，促进企业转型升级；加快服务业的对内、对外开放，破除各种隐性壁垒，形成平等进入、公平竞争的市场环境；适当提高中央政府债务占 GDP 的比重和当年财政赤字率，利用中央政府的负债潜力，加大社会公共服务设施建设，缓解地方政府和企业现实的债务压力。

十八届三中全会通过的《中共中央关于全面深化改革若干重大问题的决定》明确提出：加强中国特色新型智库建设，建立健全决策咨询制度。去年 4 月和今年 1 月，习近平总书记两次对智库建设和国务院发展研究中心的工作作出重要批示，明确指出智库是国家软实力的重要组成部分，要高度重视、积极探索中国特色新型智库的组织形式和管理方式；要求我们要紧紧围绕推进全面深化改革等重大任务，不断增强综合研判和战略谋划能力，提高决策咨询服务质量和水平。

国务院发展研究中心作为直接为党中央、国务院重大决策提供研究咨询服务的智库机构，在过去一年中，紧紧围绕中央的工作中心，牢牢把握为中央决策服务的根本方向，立足全局、突出重点、发挥优势、创新体制，以深入开展党的群众路线教育实践活动为契机，以全面推进"一流智库"建设为抓手，以提高政策咨询研究的质量和水平为重点，坚持中长期重大课题研究与当前经济社会发展热点难点问题研究相结合，完成了一批具有较高政策价值和较大社会影响力的研究成果，推动形成了一系列经济社会发展新政策新举措，为中央决策服务取得了新成绩。

"国务院发展研究中心研究丛书"迄今已是连续第五年出版。五年来，我们获得了各级领导同志和社会各界读者的热情关注与支持。特别是去年的丛书出版后，受到国务院领导同志的高度肯定。这是对我们继续做好工作的重要鼓励与鞭策。

今年的"国务院发展研究中心研究丛书"共 16 部著作。其中：《追赶接力：从数量扩张到质量提升》是国务院发展研究中心 2013～2014 年度的重大研究课题报告，深入分析了中国经济增长方式的转变路径与方法；《中国新型城镇化：道路、模式和政策》、《从城乡二元到城乡一体：我国城乡二元体制的突出矛盾与未来走向》等10 部，是国务院发展研究中心各研究部（所）的重点课题研究报告；此外，还有《中国电子商务的发展趋势与政策创新》等 5 部优秀招标课题研究报告。

这套丛书是国务院发展研究中心过去一年研究成果的优秀代表，但其中可能还存在着种种不足。衷心期望社会各界提出宝贵意见和建议，帮助我们在建设中国特色新型智库、开创政策研究咨询工作新局面、努力为全面深化改革服好务的道路上不断前进，为实现中华民族伟大复兴的中国梦做出新的更大贡献。

2014 年 8 月 18 日

目 录
Contents

总报告
新时期我国财政、货币政策面临的挑战与对策

增长阶段转换对财政、货币政策提出了新的要求。本课题在分析我国宏观经济环境变化的基础上，总结了我国过去十年及日韩两国增长阶段转换期的经验教训，提出了新时期我国财政、货币政策的调整、应用、搭配等应注重的问题和遵循的原则，并对相关领域若干热点问题进行了分析。

一、增长阶段转换背景下的宏观经济环境

（一）增长阶段转换及其成因

2013 年，我国 GDP 接近 56.9 万亿元人民币，按全年平均汇率 1∶6.2 折算，约合 9.18 万亿美元，比 2012 年增加接近 1 万亿美元，占全球经济总量的比重超过 12%。2010 年以来，我国对全球经济增长的贡献达到 20% 左右，对促进世界经济复苏发挥了重要作用。但是，我国经济增速已连续两年低于 8% 的水平，引起国际社

会的广泛关注。

从世界各国的经济发展历程看，没有哪一个国家能够永远保持高速增长。二战后的日本和西德，分别创造了"日本经济奇迹"和"西德经济奇迹"，但也只是保持了 20 年左右的高速增长，此后则出现了较大幅度的滑坡。改革开放以来，我国经济保持年均接近 10％ 的高速增长已经超过了 30 年，被誉为"中国经济奇迹"。现阶段，我国人口结构变化和劳动力成本上升，传统竞争优势逐渐削弱；越来越多的产业达到或接近世界技术前沿，引进、消化、吸收世界先进技术的后发追赶空间缩小；高投入、高消耗、高污染的发展模式，造成资源、环境、生态约束日趋增强。与十年前相比，经济增长一个百分点的数量明显不同，实现难度加大。2003 年 GDP 增长一个百分点需要的名义增加值不到 1350 亿，到 2013 年，增加到 5200 亿，是前者的 3.85 倍。我国经济增速下降在所难免，也符合世界经济发展的一般规律。

从发展趋势看，我国经济发展存在诸多有利条件。譬如，经济体制改革将释放新的增长动力与活力、城镇化潜力依然巨大、居民消费升级方兴未艾、竞争优势并未根本动摇、全球化孕育新机遇等。去年以来，面对经济增长下行压力，政府保持了足够的定力，积极创新宏观调控方式，把工作重点放在转变经济发展方式、调整经济结构、提高经济运行的质量和效益、化解各种矛盾和问题上，这也必将为我国经济长期稳定发展奠定更加坚实的基础。预计在未来十年中，我国经济将保持 7％ 左右的中速增长。经测算，在 2014～2020 年间，GDP 年均增速只要达到 6.7％，就能实现比 2010 年翻一番的目标。如果说我国经济增长最快的阶段已经过去，那么，经济发展最富挑战，同时也最激动人心的阶段已经到来，最接近实现工业化，并走向成熟、迈向高收入社会、全面实现小康的阶段正在开启。

因此，现阶段我国经济正处在从接近10%的高速增长阶段向7%左右的中速增长阶段转换的关键时期。增长阶段转换不仅仅是增长速度的调整，更重要的是增长动力和发展方式的转换，是原有竞争优势逐渐削弱、新竞争优势逐渐形成的过程，也是原有预期、平衡被打破，需要重新寻找并建立新平衡的过程。

（二）增长转型期我国经济运行面临的风险

大多数追赶型经济体在增长阶段转换期都发生过系统性危机。如果上述转换能够顺利实现，我国经济可以在一个相对低的增长速度下良好运行，规模与质量、速度与效益的关系达到一种新的平衡，增长速度"下台阶"和增长质量"上台阶"得以同时实现。但是，高速增长期结束，并不意味着中速增长会自然到来。如果新旧增长动力的接替不成功，新的发展方式未能及时确立，中速增长也难以稳住。一旦经济增长出现大幅下滑，则可能引发系统性风险。

从近期和以往较长时期的经验看，经济增速下降将直接影响经济运行的质量和效益。在现有增长模式下，我国企业具有典型的"速度效益型"特征，经济运行的质量和效益很大程度上依赖于速度与规模。在经营方式和盈利模式未能根本转变之前，增速一旦短期内明显回落，企业效益也会相应下滑，大量企业破产倒闭将导致就业状况显著恶化，危及社会稳定。同时，经济减速，财政减收、支出刚性扩张、债务快速累积，中央、地方财政可持续性面临考验。

增长阶段转换和经济结构变化，将使金融体系的脆弱平衡面临新的考验。首先，在增长动力和结构变化的过程中，各种资源、要素需要在不同行业、领域和企业之间进行重新配置。当新的增长空间不足以覆盖资源重新配置引起的不良资产时，将引发金融风险。其次，基于原有经济增长速度评估的资产价值，在经济增速出现较大幅度下降后将出现贬值。尤其是基础设施投资收益下降、回收期延长，部分资产将从优良资产转变为不良资产，以此为基础形成的金融资产，就需要重新评估和定价，金融机构的不良率可能明显上升。最后，财政风险和金融风险相互交织、相互转化。地方政府的基础设施投资，主要通过财政担保、土地抵押等方式从金融机构获取信贷资金，债务风险可能转化为金融风险。近中期，投融资平台和房地产市场风险较大，既可能引发系统性财政风险，也可能引发系统性金融风险。

二、新时期我国财政、货币政策面临的挑战

（一）财政政策的调控空间被大大压缩

伴随着经济增速"下台阶"，以及"营改增"在全国范围内推开，我国财政收入增长将回归常态，即回归到和名义经济增长大体相当的水平。2012 年，全国财政收入增长 12.8%，远低于 21 世纪前十年的平均增速（20%）。2013 年，财政收入增速进一步放缓，仅增长 10.1%。与此同时，教育医疗、公共卫生、环境保护、社会保障、社会服务支出呈刚性增长状态。在"两头夹击"之下，保证

财政收支平衡已很不容易。再考虑不断滚动发展的地方政府债务，未来我国实施积极财政政策的空间已大大压缩。

（二）地方政府债务风险加速集聚，为财政政策增添新变数

我国长期实行赤字财政政策。近些年来，地方政府更加依赖举债进行大量建设投资，导致政府债务急速膨胀。根据审计署统计，到 2012 年底，我国地方政府性债务达到 15.88 万亿元。即便不考虑或有负债，地方政府负有偿还责任的债务也高达 10.88 万亿元。目前，一些地方政府已出现负债率过高的现象。

我国地方政府债务的膨胀，不只是诱发于配合实施"4 万亿投资计划"的需要，而是有其深刻的体制性根源，具体如：过度追求经济增长的目标导向、政府间事权财力划分不合理、地方预算软约束以及投融资体制不完善等。而解决这些问题需要至少五年时间。另一方面，伴随着城市化的推进，城市发展对市政、卫生、环保等的需求持续增长，迫切要求政府开拓新的融资渠道。现实的需要和可能，决定了我国地方政府仍将高度依赖传统的融资渠道。这样，新旧矛盾累积在一起，一旦爆发局部债务危机，中央政府将不得不对其采取救助措施，从而导致财政和货币政策出现被动扩张的局面，进一步压缩财政、货币政策的操作空间。

（三）资金脱媒和金融创新加速发展，降低了传统货币政策的有效性

近些年，我国商业银行和其他各类金融机构开展了一系列金融创新。影子银行的迅猛扩张、货币市场和资本市场的快速发展，对

货币政策产生了深刻影响。影子银行体系的膨胀，导致资金脱离传统银行或脱离其资产负债表而在表外流通；货币市场和资本市场的发展，则引导大型企业、金融机构、地方政府转向市场开展直接融资，其结果都是货币流通发生重大结构性变化，货币供应量与实体经济运行之间的传统经验关系失去效力。面对金融市场的结构性变革，货币政策操作迫切需要从数量型调控转向价格型调控。

（四）利率市场化、汇率市场化对货币政策操作带来新要求

十八届三中全会对推进利率市场化和汇率市场化改革提出了明确要求。在微观角度看，利率市场化改革将强化金融机构间的竞争，促使商业银行提高自主定价能力、改变盈利方式、实现业务和管理转型。在宏观角度看，利率市场化改革则会加速资金脱媒，推动货币政策由数量型调控向价格型调控转型。未来推进存款利率市场化，首先要解决金融机构流动性缺乏的问题，督促传统金融机构加强流动性管理，然后才能在物价相对稳定时期实施审慎的或者相对宽松的货币政策。

汇率市场化和资本项目开放密切相关。根据蒙代尔"不可能三角"定理，在推动资本项目开放的前提下，要保持货币政策独立，就必须推动扩大汇率浮动幅度。综合考虑多方因素，目前人民币汇率调整已基本到位。未来几年将是汇率市场化的好时机，货币政策主动性也将因此而有所增强。但这也意味着汇率作为货币政策工具的角色将最终淡出，未来的货币政策将更加依赖利率工具。

（五）外部冲击和内部矛盾相叠加，加大了财政、货币政策相配合的难度

未来我国将继续面临外部需求低迷、内需难以提速的局面。据 IMF 预测，2014 年世界经济增长为 3.6%，其中发达经济体增长 2.1%，新兴经济体和发展中经济体增长 5.4%。我国将面临远低于危机前的外部需求增速。从国内情况看，随着经济增速的下降，长期以来被高速增长掩盖的深层次矛盾也将由此而爆发。两者相互影响，将进一步挤压我国财政、货币政策的操作空间，许多问题只能借助时间和结构改革予以解决。

三、过去十年我国财政、货币政策操作的经验与启示

（一）财政、货币政策调整方向是正确的

20 世纪 80 年代以来，我国经济运行大体经过三个中周期波动。从 2003～2012 年的十年，大体和第三个经济周期吻合。由于经济运行发生周期性变化，期间宏观调控政策（财政、货币乃至产业政策）取向也有明显的变化。

简要回顾过去十年我国财政、货币政策的操作，可以清晰地观察到：在经济运行出现转折的关键时期，政府的宏观调控政策都做了相应调整。在经济复苏向高涨阶段过渡的转折时期，政府对财政政策、货币政策做了微调，在一定程度上修正了过去的扩张性政策导向。在政策配合上，则以行政、产业政策为主，以财政、货币政

策调节为辅。在经济繁荣的顶点时期，采取收缩性财政政策和货币政策，在政策搭配上以货币政策为主，财政政策、其他政策为辅。在经济衰退的关键时期，实施扩张性调控政策，并且政策搭配以积极财政政策为主，以适度宽松货币政策和产业振兴计划为辅。在经济调整时期，则完善、充实积极的财政政策和稳健的货币政策，在依托积极财政政策保持经济平稳运行的同时，更加重视通过深化改革、调整结构来管控风险、激发经济活力。这样的政策取向和政策搭配，契合了不同发展阶段稳定经济运行的内在要求，体现了不同政策工具的特点。从总体上判断，无论是政策搭配或是政策取向的调整，其基本方向都是正确的。

正是在上述政策的引导下，过去十年来我国经济保持了持续、快速发展的局面。从 2003 年到 2012 年，我国 GDP 年均增长10.45%，剔除期间的最高增长年份（2007 年）和最低增长年份（2012 年），大部分年份的经济增长都在 10% 左右。和前两个经济周期相比，我国经济运行的稳定性显著增强。过去十年也保持了物价水平的基本稳定。

（二）从操作角度看，存在一些不足之处

一是政策力度不够恰当。比如，在经济由复苏向高涨阶段转换期间，财政、货币政策应由扩张性的政策导向转向中性的乃至相对偏紧的政策导向。但当时对财政和货币政策的调整力度很小。从财政支出角度看，只是把财政赤字规模削减约 200 亿元；从货币政策看，仅仅把基准利率提高 0.27 个百分点。如果考虑到物价水平的变化，实际利率水平甚至是下降的。同样，为了应对危机、稳定经

济增长，实施积极的财政政策和适度宽松的货币政策是完全必要的。最终出现经济过热和通货膨胀压力，究其原因，就在于政策刺激力度太大。

二是政策设计不够科学。过去十年，也是中国模式逐步强化的十年。由于政府拥有强大的资源动员、配置能力，企业、银行愿意听政府的"招呼"，愿意为政府"分忧解难"以获取额外的经济利益。独特的经济结构，决定了中国与成熟市场经济国家不同的政策作用机理。因此，宏观调控政策（财政、货币政策）设计必须充分考虑中国特色。在普遍开展"招商引资"竞争、基本价格严重扭曲的背景下，仅靠中央政府的紧缩政策是不足以改变激励投资增长的基本利益格局的；同样，在刺激经济增长时，由于实现了激励共容，又很容易出现刺激过度。

三是政策灵活性需要进一步加强。从过去十年调控的经验看，物价（CPI）涨幅超过3%，是启动紧缩性货币政策的门槛。其暗含的假设，就是物价涨跌与经济总量失衡密切相关。事实上，由于规模经济、技术进步乃至政策因素的影响，物价变动和总量经济失衡未必同步。过去十年，由于处在工业化中期发展阶段，规模经济效应明显，再加上信息技术普遍应用，我国出现了有利于物价稳定的经济运行环境。在此背景下，继续沿用技术水平固定的假设，坚守物价上涨3%的干预门槛，只会导致宏观经济政策偏松、过度刺激经济的效果。不仅如此，在物价出现明显上涨态势之后才采取紧缩性政策，也使货币政策具有典型的"被动反应"特点。这样的政策操作，忽略了宏观调控政策的滞后效应，也是无助于保持经济稳定运行的。

今后一段时期，是我国从中等收入国家向高收入国家跨越的关键时期，是改革开放向纵深全面发展的关键时期，也是消化前期刺激政策后果的关键时期，宏观调控环境复杂多变，保持经济持续稳定增长面临巨大压力。近十年来我国财政、货币政策调控的实践启示我们：要完善宏观调控（财政、货币政策）操作，必须实施目标区间管理；必须着力提高货币政策操作的独立性；必须建立统一全面的预算制度；必须加强财政、货币政策以及其他政策间的协调；必须着力提高政策设计水平。

四、日本、韩国在增长阶段转换期的经验

（一）日本的财政、货币政策

在 20 世纪 70 年代初，随着追赶潜力基本释放完毕，日本开始了增长阶段的转换。与此同时，还叠加了石油危机冲击和布雷顿森林体系崩溃带来的挑战。

由于对增长阶段转换缺乏充分认识，日本曾试图通过宽松性财政、货币政策来刺激经济。例如，增加政府支出，推动实行"日本列岛改造计划"；实施扩张性货币政策，推动降低贴现率，以稳定日元汇率。为了缓解日元升值压力，日本还采取了降低关税、扩大进口、增加对外官方援助等措施。结果，效果并不明显，而且还积累了通货膨胀压力。为了稳定价格，日本不得不采取紧缩性的财政和货币政策，大量公共支出项目被延后，贴现率大幅上升。偏紧的宏观经济政策最终推动企业走上了结构调整的道路。正是深刻的结

构调整，提升了日本企业的竞争力，为日本经济在第二次石油危机中脱颖而出奠定了基础。

总体来看，日本取得成功，除了适当的政策之外，还主要有两个因素。一是凭借了其独特的经济制度安排。日本高速增长期形成的许多体制安排，如终身雇佣制、年功序列工资制，以及大企业和小企业之间、企业和银行之间的稳定合作关系，有利于企业积累技能，发展对企业竞争力具有重要促进作用的知识。二是充分利用了其产业基础。日本采取鼓励企业资本积累和加速折旧的激励性政策，引导企业调整产能、压缩成本、推动技术创新，取得了明显进展。

（二）韩国的财政、货币政策

韩国经济起飞是从 1962 年开始的，此后逐步形成了政府主导的出口导向型发展模式。进入 20 世纪 80 年代以后，支撑韩国经济高速增长的供求条件发生变化，韩国面临增长减速、动力转换和制度转型。为此，政府采取了一系列应对措施。但事后看，政策效果并不明显。

当时韩国的应对举措具有如下特点：实施了宏观稳定政策，但货币环境仍然宽松；显著增加政府福利支出，大幅增加经济建设支出，导致政府支出快速增长；推动金融自由化，但监管机制没有跟上，导致金融风险不断积累；推行资本市场开放政策，但货币错配与期限错配现象严重。从一定意义上讲，1997 年金融危机是韩国在增长阶段转换期政策调整不到位、经济调整不到位所致。

（三）日韩两国的启示

深入考察 20 世纪 70 年代日本、80 年代韩国实施经济结构调整的经验，可以发现其政策组合具有一定的共性。具体表现为，"政策包"的三大支柱分别是：以中性偏紧的货币政策和平衡性的财政政策为主的宏观政策，以放开管制为主的供给政策，以金融安全网和社会安全网为主的托底政策。

1. 实施中性偏紧的货币政策

增长阶段转换期面临的主要矛盾，是结构性减速而不是周期性放缓，出路自然在结构调整而不是需求刺激。货币政策以稳定物价为首要目标，如果过多关注增长和就业，很容易回到需求刺激的老路上。实施中性偏紧的货币政策有利于抑制通胀和资产泡沫，降低社会综合成本，增强国家竞争力；有利于为企业压缩成本、提高管理水平、进行技术创新提供压力和动力，提升长期增长潜力。

2. 实施平衡性的财政政策

中性偏紧的货币政策需要平衡性的财政政策配合，以防止转向投资刺激而延缓经济转型。由于经济转型方向和创新具有不确定性，需要优化财政支出结构，对小微企业、企业创新、设备投资等减税，以更多地让市场寻找、发现未来的发展方向，而不是大水灌满，单纯靠政府增加支出来撑起高速增长。

3. 放开服务业准入

工业化后期，增长和就业越来越依靠服务业。要以金融、通信、科研、交通运输、文化教育等为重点，大幅放开市场准入，以增强市场竞争，提高服务业生产率，推动全要素生产率快速提升。

4. 建立金融安全网和社会安全网

在转型期，不可避免地会出现失业和财政金融风险。需要建立存款保险制度，加强风险监管，实现市场自律。需要完善失业保险，强化社会安全网，以减少改革的成本和阻力。

五、今后一段时期我国财政、货币政策的调控目标

宏观调控通常有四大目标，即经济增长、充分就业、物价稳定和国际收支平衡。由于经济增长与充分就业具有内在一致性，而物价稳定与国际收支平衡的关系十分紧密，我们甚至可以把宏观调控目标进一步简化为经济增长和物价稳定。

（一）影响政策目标选择的因素

1. 经济周期

经济周期是决定财政、货币政策目标选择的最主要因素。在低增长、低通胀的衰退期，通常以保增长为主要目标，通过采取宽松的财政、货币政策，促使经济增长率回升。在复苏阶段，经济增长目标会适当调高，并防止通货膨胀的发生发展。随着经济走向繁荣顶峰，政策目标也要转向以防止经济过热、反通货膨胀为主。由于通货膨胀率的发展具有一定滞后性，在政府紧缩性政策作用下，经济运行很可能会步入低增长、高通胀并存的"滞胀阶段"。在这个时期，需求管理的作用空间相对有限，应更多地考虑结构调整对宏

观调控目标的影响，如适当调低经济增长目标、提高通胀容忍度等，以保持经济平稳运行。

2. 发展趋势

如果潜在增长率发生明显变化，继续沿用惯性思维来实施宏观调控就不合时宜了。道理很简单，需求管理可以在短期内影响物品和劳务的产出水平，但长期看，经济增长最终会回到潜在经济增长率的水平上。

就中国而言，在经历了三十多年的高速增长后，人口、资源和环境对经济增长的约束越来越明显，体制机制等结构性问题逐渐积累，国家财务杠杆化率持续攀升。种种迹象表明，中国经济的潜在增长率正在下降，需要相应调低经济增长目标。

3. 外部冲击

我国与世界经济的相互影响不断加强。外贸出口是拉动我国经济增长的重要因素，但近些年来出口形势已经不容乐观。随着我国金融市场的逐步开放，跨国资本流动对我国经济运行的影响越来越大。而巨额外汇储备带来的流动性过剩和通货膨胀压力，更是有关部门需要严肃对待的问题。因此，在确定宏观调控目标时必须考虑国际因素。

4. 结构性因素

毋庸讳言，当前我国经济结构性矛盾十分突出，具体如三次产业发展不平衡问题、内外需不平衡问题、要素投入结构不合理问题以及区域结构不合理问题等。在确定宏观调控目标时，必须将结构性因素考虑进来。

（二）财政、货币政策的调控目标

1. 政策目标应由点改为区间

前面提到，宏观调控的目标可以简化为经济增长目标和物价稳定目标。在实际操作中，如果对上述目标只设定一个具体值，并围绕该具体目标调整政策操作。那么，一旦经济形势变化超出预期，当初设定的目标变得不合时宜，就会导致政策操作出现被动局面。不仅如此，围绕特定目标值实施宏观调控，还容易引发政策的多变性。政策信号多变，不利于稳定社会预期，不利于发挥市场配置资源的决定性作用。

可行的选择是，只要经济运行在可控区间范围内，政府就不要频繁地改变宏观调控政策。可以设定一个目标区间，横坐标表示经济增长速度，设一个低线、一个高线；纵坐标表示通货膨胀，设一个低线、一个高线（如图 1 所示）。只要经济运行在该区间之内，就保持宏观政策基本稳定。只有当预测到经济运行要滑出该区间时，才出手干预。

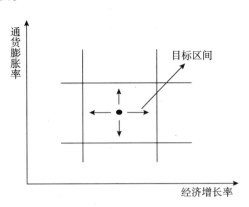

图 1 宏观调控目标区间

2. 关于经济增长和物价稳定的区间目标

经济增长目标区间应以潜在经济增长率为基准。可以根据消除趋势法、增长率推算法和生产函数法测算潜在增长率，然后予以加权平均，再配合 IMF、OECD 和世界银行等国际组织的预测，给出一个合理区间。课题组认为，可以把中国经济增长率的合理区间确定为 6% ~ 8.5%。

通货膨胀率不能低于 1%，否则经济会滑入通货紧缩。可以通过潜在物价指数法或宏观经济 DSGE 模型测算目标通货膨胀率。课题组认为，可以把通胀目标确定为 2% ~ 4%。

六、不同情境下财政、货币政策的搭配选择

财政政策和货币政策都具有一定的独立性，两者实施主体不同，分工各有侧重。单独实施财政政策或货币政策，都不能很好地实现宏观调控目标。与此同时，两者又有着密切的关联性，具有内在的协作、协调逻辑。通过综合协调财政政策与货币政策，可以有效提高政府调控水平。

（一）经济周期与财政、货币政策搭配

根据 LS - LM 模型和相机抉择理论，在经济周期的不同阶段，经济运行态势不同，应选择相应的政策组合以保持经济稳定运行（如图 2 所示）。

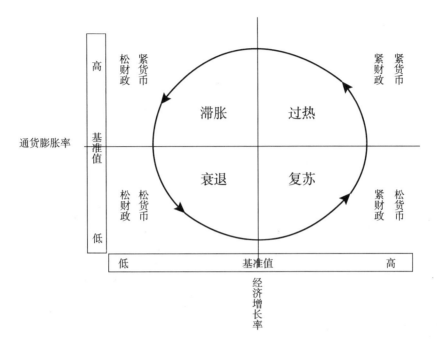

图 2 经济运行状态与政策组合

以衰退阶段为例，当时经济运行的态势是低增长、低通胀，总需求严重不足，相应的政策组合应是扩张性的财政政策和扩张性的货币政策相结合，以扩大内需，稳定经济运行。

同样，当经济运行出现"滞胀"局面时，激发经济活力、保持经济增长态势成为首要目标。如果此时萧条不太严重，可以采用扩张性财政政策和适度偏紧货币政策相搭配的政策组合。实施扩张性财政政策，有助于刺激总需求，激发市场活力，加速结构调整步伐；同时采用适度偏紧的货币政策，适当抬高利率，则有助于遏制通货膨胀。

（二）发展阶段转换与财政、货币政策搭配

我国目前正处在由高速增长向中速增长的转换期。增长阶段转换，不只是增长速度的减缓，更要求转变增长方式，要求显著提高增长质量，全面提升经济效益、社会效益和环境效益。在增长阶段转换的过程中，宏观调控既要防止经济过热，又要防止出现硬着陆，要着力于完善经济运行环境，以推动实现增长阶段平稳转换，推动发展方式实现实质性转变。

在理顺政府与居民、企业分配关系，把经济增长转向更多依靠内需，进一步扩大消费，加强环境保护、建设生态文明，推动区域经济协调发展等方面，财政、货币政策都有广阔的政策空间。但从政策搭配上，则要以财政政策为主，通过理顺分配管理，构建有利于科学发展的利益导向，来加快发展方式的转变。

（三）外部冲击与财政、货币政策搭配

我国实行有管理的浮动汇率制度，但从实际执行来看，却是管理有余而浮动不足，央行实际上承担着稳定汇率的任务。这使得央行被动地随着外汇储备增加而投放基础货币，从而在相当程度上丧失了货币政策独立性。随着外汇管制的逐步放松，跨国资本流动更加频繁。央行通过调节利率影响投资、进而影响产出的传统作用机制，会被趋利资本的跨国流动效应所削弱甚至抵消。在开放经济条件下，宏观调控面临着合理搭配利率、汇率和财政政策，以实现实体经济和货币市场双重平衡的任务。相应的，财政和货币政策的分工也发生了相应变化：货币政策在维持货币市场均衡方面负有主要

责任，而财政政策在维持商品市场平衡方面负有主要责任。

七、关于加强财政、货币政策协调配合的建议

当前，我国宏观经济运行面临四大挑战：首先，从经济增长与通货膨胀两个指标来看，表现出一定的"滞胀"特征。其次，地区差距、城乡差距、产业结构失衡、总需求结构失衡等问题日益制约经济持续健康发展。再次，随着潜在增长率下降，我国开始从高速增长向中高速增长过渡，过去被高速经济增长掩盖的矛盾逐步暴露。最后，国际金融危机、欧债危机的冲击尚未完全消退，全球经济复苏缓慢，外需增长乏力。在此背景下，要保持经济持续稳定健康发展，必须综合利用财政、货币、产业等多种政策，特别是要做好财政、货币政策之间的协调配合。

（一）协调财政、货币政策的基本原则

1. 政策效应协同配合的原则

协调财政、货币政策，首先要注意政策效应的搭配，也就是要综合考虑财政、货币政策的方向、力度与时效性。经验表明，扩张性财政政策的刺激作用更直接。与财政政策相比，货币政策的刺激作用相对缓慢，但具有政策空间广、决策时滞短的优势。

2. 需求管理与供给改善相结合的原则

在经济周期的不同区间，应采取不同的政策组合。特别是在增

速下滑、通胀上升的"滞胀"情形下，应当更注重改善供给。

3. 政策规则与相机抉择相协调的原则

从短期看，财政、货币政策操作要坚持"相机抉择"的原则；但从中长期看政策操作则要有规则。从成熟市场经济国家看，货币政策的目标就是盯住通胀目标，将维护物价稳定作为自身最重要的职责。财政政策规则，最重要的则是跨期预算平衡，将长期与短期统一起来。

4. 总量调节和结构调节相结合的原则

总量失衡和结构失调紧密相连。当前，我们全面深化改革，致力于解决经济社会发展中的不平衡、不协调、不可持续问题，必然也会对经济总量平衡产生影响。实施宏观调控，必须全面考虑结构调整和总量平衡，真正做到促发展、调结构、保民生的内在统一。

（二）加强财政、货币政策协调的政策建议

1. 政策目标区间化，宏观调控最小化

如前所述，应设置经济增长、物价稳定的上限和下限，确立"宏观调控目标区间"。只要宏观经济指标处于目标区间内，一般可视经济运行为正常，无须调整政策的方向和力度，交给市场自主调节即可。只有当经济运行有可能脱离这一区间时，才调整财政、货币政策。

这样做的好处是明显的：扩大了政策回旋余地；减少了财政、货币政策干预的频率和力度，有助于稳定市场预期；有利于让市场在资源配置中更好地发挥决定性作用。

2. 根据周期、趋势、外部冲击搭配政策

首先，应根据经济周期不同阶段经济运行的态势，搭配相应的财政货币政策。例如，在经济过热阶段（高增长、高通胀），应该实行"双紧政策"，以抑制经济过热和高通货膨胀；在经济陷入衰退阶段（低增长、低通胀），则应实行"双松政策"，以刺激经济早日复苏。其次，在确定政策搭配时要考虑增长阶段转换带来的影响。比如，当潜在增长率下降时，经济增长目标也要相应下调。再次，在考虑外部冲击因素时，要防止把一些临时性手段长期化，不要把非常规的应急措施变成常态化的制度安排。

3. 推动政策操作从"自由裁量型"向"基于规则型"转变

我国有时实行"宽松的"财政、货币政策，有时实行"从紧的"财政、货币政策。深入考察可以发现，其操作弹性很大，很难有量化指标来判断政策的实际松紧力度。今后，无论是财政政策还是货币政策，都应当加快向"基于规则型"转变，也就是说，确立基本行为规则比随机应变更加重要。

从财政角度看，首先是要遵守"黄金规则"，即允许政府发行公债为公共物质资本投资进行融资，但必须保持经常性预算的平衡。从货币政策角度看，则可以综合考虑弗里德曼规则、麦克勒姆规则和泰勒规则的优劣，结合我国国情建立相应的操作规则。

4. 做实货币政策委员会，设立财政政策委员会

"做实"货币政策委员会，把货币政策委员会从目前的咨询议事机构变为真正的决策机构。建立财政政策委员会，作为财政政策的决策机构；财政委员会的组成人员，应包括政府首脑、重要政府部门负责人，还要吸收专家学者参与。在决策机制上，可采用匿名投票模式。为了加强财政政策委员会和货币政策委员会之间的协调，可采取部分成员交叉任职的做法。

5. 完善财政性存款、外汇储备和国债市场管理，提高政策协调水平

财政、货币政策的衔接，是通过三个渠道实现的：财政盈余、外汇储备和公开市场操作。

财政盈余看起来是财政问题，但放在哪里却与货币政策息息相关。如果放在中央银行就等于收紧流动性；如果放在商业银行就等于投放流动性，因此，财政货币当局之间要加强协调。2013年底出现的第二次"钱荒"，实际上就是由于中央银行无法准确把握财政系统年底是否要突击花钱而没有适时向市场提供足够流动性所致。

外汇储备看起来是货币问题，其实与财政密切相关。当年动用外汇储备给国有银行注资，就错把外储储备用做资本，导致了货币超发。外汇管理职责放在哪里，不仅意味着维护汇率稳定的职责在哪里，而且意味着维护汇率稳定的成本由谁来支付。如果由财政部门负责汇率稳定，财政部门就会根据自己的财政实力量力而行，而不会一味地干预外汇市场。由此可见，将外汇储备管理及汇率稳定职能从人民银行转移至财政部可能更加合理。

国债是公开市场操作的主要对象。除日本外，主要发达国家都禁止中央银行从财政部门直接购买国债。在我国，用于公开市场操作的除了国债外，还有相当规模的央票。虽然央票可以使央行在政策工具上多出一些自主选择，但却减少了与财政政策之间的协调配

合。因此，建议增加国债品种和数量，逐步替代现在的央票。

八、关于当前几个热点问题的探讨

（一）如何应对发达国家"宽货币、紧财政"的冲击

2008 年危机以来，主要发达国家的宏观调控经历了两个阶段。一是 2009～2010 年，采用宽财政、宽货币的政策组合。二是从 2011～2013 年，采用宽货币、紧财政的政策组合。在过去三年内，欧洲主权债务危机和美国财政扯皮不仅轮流成为影响全球资本市场的主题，也成为扰动世界经济，影响居民和企业预期的重要变量。

1. "宽货币、紧财政"政策的形成

"宽货币、紧财政"政策的形成，是多种因素共同作用的结果。以美国为例，首先是应对 2008 年金融危机的客观需要。20 世纪 80 年代以来，美国推行自由主义的经济政策，导致国内收入差距持续扩大，社会保障费用居高不下。金融危机沉重地打击了中低收入阶层，为了弥补消费需求的不足，政府需要采取宽松货币政策。其次是政治斗争激烈，府院无法就增加财政支出达成一致。金融危机爆发后，美国左右两翼围绕财政扩张问题展开激烈斗争，双方争持不下，甚至闹出政府关门的"闹剧"。在难以达成共识的情况下，只能转向宽松的货币政策。再次，宽松货币政策也是美国转移国内矛盾的重要手段。为挽救金融体系、刺激经济增长与就业，美联储先后实施了四轮量化宽松政策。美联储如此执著，固然有传统货币工

具难以奏效的原因，但更重要的是美元享有超主权货币的特权，通过超额发行货币，可以稀释美国政府债务，转嫁危机损失。

2. "宽货币、紧财政"政策对我国的影响

发达国家实行"宽货币、紧财政"政策，对我国经济造成多方面的影响：一是热钱大规模涌入，人民币被动单边升值，人民币"被升值"现象严重。二是美元持续走低推动国际大宗商品价格上行，引领国内能源、原材料及部分农产品价格上涨，带来通货膨胀压力。三是我国外汇储备币种单一，以美元资产为主，承担着美元贬值带来的巨大风险。金融危机以来，人民币大幅升值，导致外汇储备严重缩水。四是大量资金涌入国内，导致流动性过剩。在此背景下，人民银行"松也不是，紧也不是"，货币政策独立性显著下降。松了，必然引发通货膨胀；紧了，则会加剧外资流入，加剧人民币升值压力。

3. 应对发达国家"紧财政、宽货币"政策的建议

2014 年，日本仍将实施安倍经济学，欧洲将继续实行宽松货币政策，美国虽然要温和退出 QE，但超低利率政策仍难以根本改观。我们有必要审时度势，完善政策应对，把外部负面冲击降到最小限度。

第一，把握机遇，分步推进人民币国际化进程。近期内，应当在地域上坚持人民币周边化、区域化进而国际化，在货币职能上坚持人民币结算、投资进而储备货币的发展战略。同时稳步推进人民币资本项目开放。中期内，则致力于形成"稳定三岛"，推动实现国际货币多元化。

第二，积极参与改善国际货币基金组织的运作。重新分配 IMF 基金份额和投票权，提升中国、巴西等新兴发展中国家话语权；推动调整成员国的缴纳份额或建立货币互换和储备调拨机制以提升援助能力；利用好"金砖四国"和"丝绸之路经济带"机遇，发挥区域性货币基金组织的作用。

第三，适时推进公共财政制度改革。单纯依靠扩张公共支出来刺激经济，是饮鸩止渴的办法，我国不宜重蹈覆辙。当前，我国处在经济转型期，人力资本投资不足和社会保障欠账多，已经成为制约扩大内需和科技创新的瓶颈。只有深化公共财政制度改革，切实增加社会事业支出，才能为经济增长营造新的动力。

（二）如何看待 M2/GDP 偏高对货币政策操作的影响

1. 我国 M2/GDP 的变动趋势

从 1985 年到 2013 年，我国 M2/GDP 呈现台阶式增长态势。1985 ~ 2001 年，M2/GDP 比值持续攀升，从 0.58 逐年提高到 1.44；2002 ~ 2008 年，M2/GDP 比值大体稳定在 1.5 左右，并呈现出逐年下行趋势；2009 以来，为应对危机、稳定增长，我国货币投放持续快速增长，M2/GDP 比值迅速提高到新的台阶，在 1.8 左右上下浮动。2013 年则达到 1.94。

在考察了金砖国家中的俄罗斯、发达国家中的美国、新兴经济体中的韩国和新加坡后，可以发现：1985 ~ 2013 年，上述 4 国的 M2/GDP 比值都呈现逐年递增的趋势，除美国增速较为平缓外，其余 3 个新兴经济体都保持了相对较高的增长速度。从数值上看，上述 4 国的 M2/GDP 值均在 1.6 以下，低于中国同期水平。

2. 我国 M2/GDP 比值偏高的原因

我国 M2/GDP 比值高企，是发展阶段、增长模式、金融体制、国内外经济环境等多重因素综合作用的结果。

从货币供给的角度看，1990 年以来，我国 M2 增长一直快于 GDP 总量的增长，导致 M2/GDP 比值也高居不下。特别是，2008 年末我国货币政策由适度从紧直接转向适度宽松，2009 年 M2 增速达到创纪录的 28.42%，而同期 GDP 增速则只有 9.2%。两个指标的巨大差异，一举改变了 M2/GDP 比值在 1.5 附近上下波动的局面，把该比值提高到 1.8 左右。

从货币需求的角度看，随着经济货币化、金融市场化程度的不断加深，我国的货币需求也在扩张。货币供应量 M2 逐年扩张，是货币供给与货币需求相互作用，最终达到均衡的结果。货币供应量增速持续超出名义 GDP 增速 5% 以上，却没有出现通胀持续失控的局面，从一个侧面表明货币供应基本适应了货币需求的增长。

导致 M2/GDP 比值偏高的根本原因，是中国独特的经济结构。一是投资驱动型增长模式。我国经济具有明显的投资驱动特点。而投资的快速增长离不开银行信贷的支持。大规模的基础设施建设，一方面制造出对新增贷款（尤其是长期贷款）的需求，另一方面也导致大量的货币被固定资产化，难以再度进入流通。二是金融市场不完善，货币、资本市场发展严重滞后，主要依靠银行体系进行融资，资金使用效率低，同样货币规模对实体经济的拉动作用有限。

3. 审慎操作，化解 M2/GDP 比值偏高的潜在风险

我国 M2/GDP 比值长期高企，是否会成为引发严重通货膨胀甚

至金融危机的"货币堰塞湖"？有关讨论已持续多年。历史经验显示，即便 M2/GDP 比值偏高，我国也未发生严重的、不可控的通货膨胀。即便如此，我们决不可掉以轻心。

未来一段时间，我国处在经济增长换挡期、转变发展方式关键期以及前期刺激政策的消化期，社会矛盾错综复杂，不确定性因素增多。新型城镇化、工业化、要素市场化的推进，会进一步增加货币需求；经济增速放缓、增长方式转变、金融改革加快推进、淘汰过剩产能，会减少货币需求；处理地方政府债务、房地产市场调整则会对金融市场产生冲击，其影响方向尚难以确定。如果我们掉以轻心，很可能会招致货币政策操作的严重失误。未来一段时间，需要实行审慎的货币政策，引导货币政策逐步回归常态，以扭转长期以来货币供给超常规增长的局面。

（三）金融如何才能更好地服务实体经济

1. 近年来货币信贷服务实体经济效率明显下降

2008 年国际金融危机后，我国采取了一揽子经济刺激政策，维护了经济金融体系的稳定运行。然而，货币投放促进产出增长的效率大幅下降。从 2009 年起，企业债务增长速度不断加快，而收入增速却明显放缓，导致债务收入比较快提高。与此同时，地方政府和家庭债务占 GDP 的比重也有明显的提高。

2. 导致金融服务实体经济效率下降的原因

金融服务实体经济效率下降，是多方面原因综合作用的结果。首先，中国已逐步进入增长阶段转换期，面临经济增长动力转换的挑战。再加上金融危机的冲击，对原有企业盈利模式影响较大，企业盈利能力显著下降。其次，从不同规模企业的贷款使用效率看，小微企业效率最高。但由于种种原因，银行贷款主要发给了大型企业。金融危机以来，贷款错配的情况进一步加剧，大量资金投放给政府融资平台和大企业，加剧了小微企业"融资难"、"融资贵"的问题。再次，宽松货币、影子银行和特定领域紧缩的政策导致融资链条严重扭曲，导致大量资金在金融体系内空转，或者进入金融、房地产领域，削弱了金融对实体经济的服务。

3. 从两方面入手，推动金融更好地服务实体经济

创造良好环境，增强实体经济价值创造能力。具体建议包括：实施稳健货币政策和积极财政政策，保持宏观经济平稳运行；加快清理过剩产能；清理地方政府债务；拓宽地方政府融资渠道，有序推进地方基础设施建设；深化要素市场改革，加快培育新的经济增长点等。

完善金融体系，疏通资金流通渠道。具体建议包括：加快利率市场化改革，建立政府债券收益率曲线，保证信贷合理定价；加大银行业改革力度，破除大银行垄断地位；加强影子银行监管等。

（四）如何使金融改革更好地服务实体经济

1. 改革过慢、改革路径偏差，是造成金融服务实体经济不足的根本原因

过去十年，无论从金融业机构数量、资产规模、资本市场规模还是金融深化程度来看，我国金融业都得到了长足的发展，理应有

实力和能力更好地为实体经济提供服务。现实却恰恰相反，我国实体经济长期存在"融资难"、"融资贵"现象。应当承认，当前我国金融市场存在严重的结构性问题。一方面，中小企业融资难，实体经济回报低；另一方面，金融业却长期保持高利润率。如何推动金融更好地服务实体经济，是当前金融改革面临的重大现实问题。

通过深刻反思过去十年来我国金融业的重大改革举措，可以得出两点结论。

（1）导致金融体系结构性问题的原因，不在于金融改革，而在于错误的改革路径。必须承认，金融改革的成就是有目共睹的。国家经济实力不断增强，人民生活水平不断提高，金融机构经营管理水平显著增强，社会融资渠道不断拓宽，民众金融参与程度明显提高，金融系统抗风险能力不断增强等等，这些成就的取得，都离不开金融改革与创新。金融改革功不可没。但我们也要看到，以前的金融改革过多地关注了金融机构的效率和抗风险能力，而忽略了金融服务实体经济这一根本宗旨。以城商行为例，设立城商行的本意是更好地服务当地经济，服务中小企业，服务当地客户，但银监会支持城商行做大做强、跨区域发展的结果，则是城商行越来越脱离"地气"。农村信用社改革也体现了提高经营效率和抗风险能力的要求，对于股份制改造后的农信社是否真的符合发展农村经济的需要考虑明显不足。

（2）导致金融体系结构性问题的原因，不是金融改革过快，而是金融改革滞后。许多学者认为，导致当前实体经济融资难、房地产市场泡沫、"三农"金融服务缺乏等问题的原因，是金融改革和金融创新过快，超过了实体经济的现实需求。深入研究可以发现，导致问题产生的真正原因，是金融改革方案过于保守、金融改革严重滞后。以国有银行改制上市为例，有关部门采取了最保守的整体上市方案，结果，在培育出金融巨头的同时，也使金融机构脱离了最具活力、最具创新力的中小企业。类似的，我国金融基础设施建设严重滞后，缺乏市场化的金融机构救助机制和退出机制，存款保险制度和社会信用体系建设严重滞后，城市商业银行政府职能化等等，破坏了公平竞争的市场环境，侵蚀着银行经营的商业原则，严重降低了金融市场的资源配置效率。

2. 推动金融更好地服务实体经济的建议

采取切实措施，引导金融机构下沉。首先，金融机构的服务重心必须下沉。金融机构要改变过去只提供贷款支持的局面，不断开展业务创新，为小微企业提供专业、专注、综合性的金融服务。其次，金融机构营业网点要下沉。国有大型银行要将分支机构向下延伸，切实扩大金融机构的基层覆盖率；地方性金融机构则应切实发挥"地缘"和"人缘"优势，将分支机构拓展到国有大型银行无法触及的地区。最后，要放宽银行业市场准入，鼓励民间资本创办乡镇银行和其他形式的金融合作组织，真正调动民间金融的积极性。

金融监管必须下沉。改革金融监管体制，建立权责分明的分层监管体系。全国性的金融机构，由中央金融监管机构负责监管；地方性的金融机构，由地方政府负责监管，同时加强中央监管机构和地方监管机构的沟通和协调。

货币政策必须下沉。许多学者认为大区分行已经名存实亡，应该将其撤销。课题组认为，大区分行非但不能撤销，反而还应强化其权限。要重新明确大区行的职能，赋予大区分行更多的货币政策调整权；加强大区分行统计调查和研究能力；提高人民银行分支机构的行政级别，使其能够更好地履行职能。

此外，还应尽快建立存款保险制度，建立金融机构退出机制，提高金融体系效率。

执笔：余斌　张俊伟

第一章
增长阶段转换背景下的宏观经济环境

一、增长阶段转换的原因与性质分析

经过改革开放35年以来，特别是最近十几年的经济持续高增长，支持中国经济增长的国内条件发生了深刻变化。从国际看，国际金融危机终结了世界经济的长期繁荣，也深刻改变了中国经济增长的外部环境。由于上述变化，中国经济增长开始"下台阶"，由高速增长转入中高速增长。这一过程不仅是经济增长水平的变化，也包括产业结构、区域布局的调整，经济发展方式的转变，经济体制与机制的完善，因此是一个非常复杂的经济增长转型过程。深刻认识经济增长转型的原因、性质，努力把握其内在关系和可能的风险，对于搞好宏观调控，保持经济平稳增长非常重要。

经济增长"下台阶"以及经济增长转型的原因，到目前已经有很多分析与研究。比较有代表性的观点有：第一，国际比较研究得到的一般现象，人均收入达到11000国际元时，经济增长速度都出现了下降（刘世锦等，2011）；第二，供给因素的研究，人口结构与劳动力供求关系发生变化（蔡昉等，2012）；第三，对需求因素的研究，住房、汽车、基础设施建设等需求扩大的速度面临"天花板"（刘世锦等，2012）。

在以上研究的基础上，我们认为还需要注意以下原因：第一，国际金融危机终结了世界经济长期繁荣，使中国外贸出口增速明显下降；第二，既有的城镇化模式及其形成的问题，制约了住房、汽车及城市基础设施建设等方面需求的扩大；第三，资源环境约束增强，要素成本提高，结束了低成本扩张模式，也影响到增长水平。与前述原因比较，我们认为这些是经济增长"下台阶"及增长转型更为直接的原因。

（一）外贸出口增速明显降低

2001 年中国加入世贸组织后，恰逢世界经济处于繁荣状态，依靠劳动力资源优势，外贸出口实现了持续高增长。2008 年国际金融危机发生以后，随着世界经济繁荣的结束，外贸出口增速明显下降，由两位数增长转为个位数增长。出口对经济增长的贡献率明显降低。

表 1.1　　2002 ~ 2013 年外贸出口额及增长率（亿美元，%）

年份	出口额	较上年增长	年份	出口额	较上年增长
2002	3256	22.36	2008	14306.9	17.23
2003	4382.28	34.59	2009	12016.1	-16.01
2004	5933.3	35.39	2010	15777.54	31.30
2005	7619.5	28.42	2011	18986	20.34
2006	9689.8	27.17	2012	20487.1	7.91
2007	12204.6	25.95	2013	22100	7.87

表1.2　　　　　2003～2012 年净出口对 GDP 的贡献与拉动

年份	最终消费支出		资本形成总额		货物和服务净出口	
	贡献率（%）	拉　动（百分点）	贡献率（%）	拉　动（百分点）	贡献率（%）	拉　动（百分点）
2003	35.8	3.6	63.3	6.3	0.9	0.1
2004	39.0	3.9	54.0	5.5	7.0	0.7
2005	39.0	4.4	38.8	4.4	22.2	2.5
2006	40.3	5.1	43.6	5.5	16.1	2.1
2007	39.6	5.6	42.4	6.0	18.0	2.6
2008	44.2	4.2	47.0	4.5	8.8	0.9
2009	49.8	4.6	87.6	8.1	−37.4	−3.5
2010	43.1	4.5	52.9	5.5	4.0	0.4
2011	56.5	5.3	47.7	4.4	−4.2	−0.4
2012	55.0	4.2	47.1	3.6	−2.1	−0.1

（二）既有城镇化模式导致的问题，制约了住房、汽车、基础设施建设需求的增长

与财政分灶吃饭相联系，我国城镇发展基本是各自为政的模式。而行政级别不同的城市政府，动员资源的能力不同，与此相联系，城市基础设施建设水平，包括与之连接的跨区域基础设施系统；基本公共服务的水平都会不同。这些差异会导致产业和人口布局集中于那些行政级别比较高的直辖市、省会城市、计划单列市（当然地区差异也有影响，例如拉萨的产业与人口甚至达不到东部地区某些县级城市的水平。但这是个别情况）。由行政级别和地区发展水平（主要反映地区资源禀赋以及市场配置资源的情况）共同决定的一批大城市，例如40个重点城市，其产业、人口集中的速度快，经济规模、人口规模占比大。从可以取得数据的22个直辖

市、省会城市、计划单列市的情况看，2000～2010 年其城镇常住人口年均增长 6.95%，而同期全国城镇常住人口年均增长只有 4.3%。其占全国城镇人口的比重由 2000 年时的 19%，提高到 24%。36 个直辖市、省会城市、计划单列市 2010 年其城镇常住人口达 2.13 亿，占全部城镇常住人口的 32%。其中人口上千万的北京、上海、天津、重庆、广州、深圳等六个城市，城镇常住人口为 8399 万，占全部城镇常住人口的 12.53%。从经济总量占比看，2012 年京津冀、长江三角洲、珠江三角洲等三大城市群的地区生产总值，占全国的 35.4%。

从人口规模看，北京、上海、天津、重庆、广州、深圳等六个城市，平均为 1400 万人；其余的省会城市、计划单列市，平均为 430 万人。除了直辖市、省会城市、计划单列市外的全国 622 个城市，平均为 73.5 万人。

从以上数据看，我国既有的城镇化模式是以少数大城市为引领，在 600 多个城市中，产业与人口过度集中于其中 40 个左右的城市，特别是北京等六个人口千万以上的城市。这就过早出现了城镇承载力不足的问题，主要表现在以下三个方面。

第一，一线城市产业发展空间趋近饱和，地租、房租、运输流通费用水平快速提高，制造业、服务业发展空间拥挤、成本较快增加。

第二，劳动力转移受阻，企业的工资成本提高。由于产业布局及城市发展机遇的差异，劳动力首先选择进入一线城市，但进入门槛快速提高。北京等千万人口以上的城市，人口承载能力接近饱和。吃穿用住行等方面必需的生活费用快速提高，需要更高的就业能力、更高的收入才可以在这些城市立足。2003～2013 年，35 个大中城市 CPI 累计上涨 33.5%，其中食品价格累计上涨 99.7%，居住价格累计上涨 39%。生活费用快速提高一方面较快提高了城市的进入门槛，另一方面也推高了企业的工资成本，同时也是一线城市招工难、招工贵的一个重要原因。

第三，住房、汽车需求扩大受到抑制，住、行为主的消费结构升级活动受阻。目前一线城市汽车承载能力正在接近极限。从千万人口以上的城市看，交通拥堵已经非常严重。北京、上海、广州已经出台了限制购车的政策，目前天津、重庆也在酝酿实行汽车牌照摇号政策。有关专家通过国际比较发现，汽车需求扩大与人均收入成正比，与城市人口密度成反比。这表明以一线城市人口增加为主推进城镇化的模式，正在越来越明显地限制汽车需求的扩大。

表 1.3　　　2003～2013 年汽车销量及增长率（万辆,%）

年份	汽车销量	较上年增长	年份	汽车销量	较上年增长
2003	439	35.08	2009	1364	45.42
2004	507	15.49	2010	1806	32.40
2005	576	13.61	2011	1850	2.44
2006	722	25.35	2012	1930	4.32
2007	879	21.75	2013	2198	13.89
2008	938	6.71			

表 1.3 表明，2013 年汽车销量出现恢复性增长，但水平明显偏低。其中北京汽车销量较上年为负增长，36 个直辖市、省会城市和计划单列市，汽车新上牌照量较上年为负增长。2013 年汽车销量增长，主要依靠转向三四线城市。但这些区域的道路交通及其他基

础设施水平明显偏低，对汽车的承载力不高。综合这些情况，预计汽车市场需求将进入个位数增长时期。

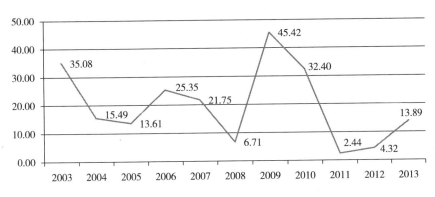

图 1.1　2003～2013 年汽车销量增长率（%）

　　住房需求的扩大也受到明显制约。与人口布局联系，目前买房需求主要集中于一线城市及部分二线城市。但这些城市支持住房建设的土地资源日见紧张，住房建设供地数量趋于减少。

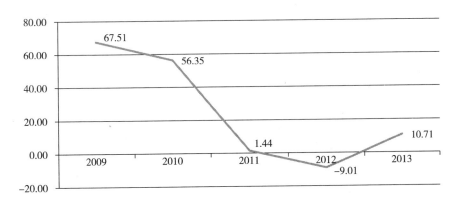

图 1.2　40 个重点城市住宅供地同比增长（%）

注：2013 年为 1～9 月累计同比增长。

　　从图 1.2 看，在一线城市买房需求旺盛，房地产销售活跃，价格上涨的情况下，40 个重点城市住宅建设供地同比未出现明显增长，表明这些城市的土地供给潜力明显减弱。

受土地供给约束，一线城市稳定房价的努力更多集中在控制买房需求方面，这些措施与房价上涨的作用结合，共同限制了一线城市买房需求的增长。

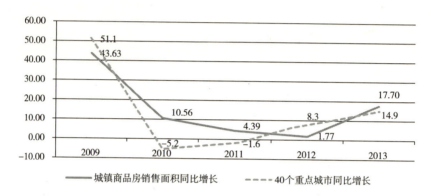

图1.3　全国与40个重点城市商品房销售的增长情况（%）

注：2013年为1～9月累计同比增长。

从图1.3观察，在房地产市场需求恢复过程中，40个重点城市先是增速高于全国（2012年），继之低于全国（2013年）。这间接表现了一线城市土地供给约束通过稳定房价政策向房地产市场需求的传导。

归纳上述分析，受既有城镇化模式约束，我国房地产市场需求预计增速也将明显降低。消费结构升级是现阶段消费增长的主导力量，住行改善速率的降低，汽车、住房市场的降温，必然使内需增长水平明显降低。

（三）环境资源约束增强，生产成本提高

中国经济历史上的高增长，很重要的一个条件是资源环境成本

低。依靠低成本扩张，发展三高一低（高投入、高消耗、高污染、低效益）的小钢铁、小水泥、小火电、小煤矿等等，是支持以较少的资金、较低的技术、较低素质人才实现生产快速扩张的重要条件。随着经济规模的快速扩大，经济发展与环境和资源方面的矛盾迅速加剧，各类矿产资源价格持续上涨，污染排放收费不断增加，加之城镇化带来的人力资源成本提高，共同推高了企业的生产成本，终结了低成本扩张的条件。

（四）外需内需增长水平下降、生产成本提高，潜在增长率降低

资源环境约束增强，包括劳动力向城市转移受阻，都表现为经济增长的要素供给约束增强；而外需内需增长水平下降，则表明经济增长的需求约束增强。这两个方面的约束，具体表现为企业生产经营的难度加大，利润水平降低。

首先市场需求增速减慢，形成了供大于求的格局，迫使企业必须从低水平数量扩张转向质量效益型增长，从强调做得快转向强调做得好，生产的难度大大增加了。另一方面，市场竞争不断压低了产品价格，而生产成本又在不断提高，这就必然使企业的利润迅速减少。生产经营越来越难，会使既有企业的发展能力减弱；而利润越来越少，则会使既有企业的发展动力减弱。这些都表现为基于企业自身的内生性增长能力减弱，也表现为潜在增长率下降。综合不同测算结果，中国经济的潜在增长率已经由 2003 年以后一个时期的 10% 以上，降低到 7% ~ 8%。

（五）经济增长"下台阶"及转型具有过渡性特点

从决定经济增长下台阶及转型的原因看，都具有可变性。从需求方面看，随着世界经济深刻调整的持续，不排除在一定时间以后再现新的增长与繁荣；从中国既有城镇化模式导致的问题看，不排除随着城镇化模式转变，例如转向以城市群为主体形态，城市规划的科学性提高等，住行为主的消费结构升级重新加快，围绕城市群发展的基础设施建设需求重新较快扩大。从要素供给方面看，其约束是有弹性的，关键在于能否通过发展方式转变形成节约资源、保护环境的经济增长特点。如果在这些方面取得实质性进展，则相关约束也会缓解。

因此，随着增长转型的推进，随着国内外经济发展环境的变化，决定经济增长下台阶及转型的因素会发生变化，潜在增长率将会重新有所提升，经济将进入新一轮更高水平、更小代价的增长时期。这一分析表明，经济增长下台阶及转型，是一个过渡性的阶段或时期。

二、增长转型期宏观经济环境的基本特点与主要风险

经济增长下台阶及增长转型，从宏观经济环境方面看，一是经济增长水平降低，二是经济结构调整与发展方式转变。

（一）经济增长水平不会以失速状态快速下降

前面分析表明，出口、汽车、住房等需求增速减慢是经济增长率下降的重要原因。从目前世界经济形势与出口增长前景看，大体呈现低位趋稳的特点，进一步大幅下滑的可能性较小。从汽车和房地产市场情况看，2013年均出现恢复性增长，而不是持续萎缩；2014年其增长水平虽有可能降低，但幅度不会很大。一是由于一线城市提供住房建设的土地仍然有一定潜力，例如更多地将工业、商业建设供地转为住宅建设供地；二是汽车市场仍有一定扩大空间。此外与新型城镇化相联系，基础设施建设的需求也将保持一定的增长。

前面分析还表明，资源环境约束增强以及生产成本提高是经济增长率下降的另一类重要原因。但要素供给的约束是有弹性的，企业、产业对这一变化也会做出适应性调整。

综合上述分析，可以认为经济增长水平的下降是逐步和较为平缓的，与国际金融危机冲击导致的结果明显不同。另一方面也要注意到，如果既有城镇化模式迟迟不能改变，经济发展方式面对资源环境约束迟迟没有实质性转变，则制约经济增长的因素就会越来越强烈，经济增长率就可能持续降低。在此情况下，如果世界经济再出现意外的反复，则中国经济增速可能出现大的滑落。

（二）经济结构调整与发展方式转变将巩固中长期增长的基础，但对近期增长可能产生不确定影响

经济结构调整与发展方式转变对宏观经济环境的影响，第一是

通过市场竞争对企业和产业进行选择，实现优胜劣汰；第二是平稳扎实地推进城镇化模式的转型。

1. 市场竞争引起的企业破产、不好的在建项目下马、不良债务的处理不可避免，但可能影响经济增长的稳定

市场调节总是表现为事后的。当市场需求水平降低、成本水平提高以后，企业生产经营环境发生了深刻变化，市场竞争对企业进而对产业的重新选择、优胜劣汰不可避免。这必然会导致过剩产能调整，一批企业破产，一些不好的在建项目下马，导致与其相关的债务链条调整。也会引起职工失业下岗。

同时应该看到，对新的发展环境的适应，涉及所有企业。在调整转型和适应新环境的过程中，事实上全部产能包括对应的企业都在经历一次再造，都在经历市场竞争这一严格的考试；从地方政府方面看，所有由其主持的建设项目，都面临新环境下市场对其效益和投资回报的重新评估。

在我国当前的市场体系及相关政策环境下，这一调整的实际情况是：一些企业开始主动调整转型并取得积极成效；由于地方性政策和相关保护，使一些低效率企业依靠降低产品质量标准、减少环保投入以及地方税收优惠反而获得更大竞争优势，存在优汰劣胜[①]的现象；受政府过度保护，破产及相关财产责任追究难以启动，困难企业和地方政府的建设项目，在政府各种方式支持下，千方百计寻找资金，维持资金链不断裂；由于缺少风险警示，金融活动片面

---

① 许召元："建立公平统一的市场环境，防范产能过剩行业'优汰劣胜'"，《国务院发展研究中心调研报告择要》2013 年第 187 号。

追求高利率，忽视本金的风险，使资金更多地配置到风险高而产出效率低的领域①，资金紧张、市场利率水平攀高，既表明了金融风险的累积，也使实体经济的调整转型受到越来越大的资金约束及资金成本提高的压力。这一调整过程发展下去，将包含两个趋势：其一是一些企业素质不断提高，对新环境的适应力增强，一批新型产业加快发展；其二是资不抵债的企业和建设项目迟迟得不到解决，以高利率不断吸收资金，风险约束不力则助长金融企业日益趋向追逐高利率、高利润，甚至实体经济的一些企业也参加进来。这两个趋势是相互抑制的关系，如果后一种趋势占了上风，就会从资金流向上压制前一种趋势，使调整过程成为一种风险积聚的过程。这将是增长转型期间宏观经济环境面临的一种巨大风险，必须高度警惕。

2. 既有的城镇化模式及其转型，也可能影响经济增长的稳定

当前我国城镇化仍在以既有的大城市主导的模式推进，但由此引发的问题正在越来越明显地影响经济增长。

首先，房地产业发展环境日见紧张，行业内的调整不可避免。在一线城市（包括部分二线城市）土地约束增强，拿地难度加大以后，基于对城镇化快速推进的预期，房地产企业一度转向二三线、三四线城市发展，但遇到了普遍的楼盘销售困难。2013 年以来纷纷返回一线城市（包括部分二线城市），但拿地难度大幅度提高。据万科总裁郁亮介绍，其 2013 年在北京的购地价格，相当于前年的 3

---

① 陈道富："货币金融与实体经济割裂的现状与原因"，《国务院发展研究中心调研报告》2013 年第 178 号。

倍，楼盘开发成本大幅度提高。而一线城市政府控制房价的努力，使其价格提升空间受限，利润水平降低。目前房地产开发企业的情况是：二三线、三四线城市，好拿地不好卖房，存在较为普遍的楼盘积压；一线城市好卖房不好拿地，经营利润明显减少。这就必然导致房地产业的调整，预计一些资质较差的房地产企业将被兼并或者退出，房地产业包括房地产投资的增长将受到一定影响，预计对经济增长也会产生影响。

第二，汽车市场的发展预计也将受到影响。前面分析指出，汽车需求在 2013 年有恢复性增长，但主要在二三线、三四线城市。由于这些区域汽车承载力较低，发展空间不大，因此汽车需求增速可能会逐渐降低。对消费指标进而对经济增长都可能产生影响。

第三，制造业、服务业等实体经济在城市的发展成本持续提高，对转型升级和稳定增长也将逐渐形成制约。

综合以上情况，沿着既有模式推进城镇化，对经济增长的约束将不断加强，进而制约经济增长水平不断下降。

转变既有的城镇化模式，也面临风险与挑战，进而影响经济增长的稳定。其一是前几年的造城运动。在经济增速下降，制造业服务业发展水平降低的背景下，以加快城镇化为旗号，通过行政力量强制推进城市建设，包括大量征地、强迫农民进区上楼等，使城市发展与产业、就业发展相背离，空城现象比较突出，形成了较多不好的在建或建成项目，以及大批待售楼盘，扩大了债务及金融风险。其二是等待观望不作为。转变既有城镇化模式，关键是由大城市为主体形态转向以城市群为主体形态。这需要在行政区划、城市群空间规划、基础设施系统建设、基本公共服务均等化，以及产业布局、人口布局等多个方面做出周密安排和相应调整，是包含多个层面发展与改革任务、异常复杂的系统工程。从各自为政的城镇发展，转向依托城市群的整体系统发展，各级政府一时难以适应。与此同时，造城运动被叫停，政绩考核不再强调 GDP 指标，清理地方债、严格债务责任约束，土地财政萎缩。凡此种种都可能使地方政府处于迷茫观望，进而导致不作为。这一方面会使地方政府发展经济的能力和动力减弱，投资建设活动减少，基础设施投资增速下降；另一方面会继续既有的城镇化模式，而已经聚集了巨量人口的大城市，其发展环境相对开放、机遇相对公平的优势，会继续吸引人口集聚，维持这一模式的发展。

综合以上分析，城镇化模式不转型，经济增长空间将不断缩小；转型则面临诸多困难。能否平稳、实质性推进城镇化模式转型，对增长转型期的宏观经济环境也具有重要决定作用。既有城镇化模式转型的困难，还使地方政府发展经济的能力和动力减弱，对经济增长的稳定也会带来影响。

（三）增长转型期宏观经济环境既有稳定的一面，也有风险与困难累积的一面

以上分析表明，增长转型期经济增长率下降比较平缓，通过宏观经济政策的综合作用，可以将增长率稳定在预定区间，例如7% ~ 8%。但如果不能及时启动破产退出，强化风险约束机制，可能会出现货币资金加速向高风险领域集中，维持不良经济成分顽固生存，恶化企业产业转型升级环境，压制转型升级势头的风险；如果不能平稳有效地推进城镇化模式转型，将面对发展空间不断缩小，

既有的城镇化模式引发的矛盾不断强化的风险。综合看，如果仅仅强调稳增长，则转型期宏观经济环境将不断趋向恶化，风险将不断加大。

三、政策思路及相关建议

（一）进一步完善稳增长的政策体系

稳增长本质是通过政策力量，防止经济增速出现大的下滑。关键要增强全局性和预见性，防患于未然，力争以较小的政策调整，稳定信心、稳定市场需求、稳定经济增速。

经济增速下降，也是市场调节下社会生产持续收缩的过程。表现为：市场需求下降，企业订单水平降低，开工率降低，利润率降低或出现亏损；就业减少，失业增加，收入增速下降；消费需求增速降低，市场需求和利润水平下降，还会降低投资预期，使投资增速降低，也会使库存需求减少。如果没有政策力量介入，可能成为一个持续收缩的循环。

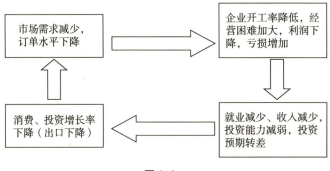

图 1.4

2012 年以来的稳增长，关键是通过适度扩大政府基础设施投资，适度增加货币供给，稳定了市场需求，进而稳定了增长和就业；这些又支持了收入增长，进而稳定了消费，也稳定了市场信心和市场预期，进而稳定了投资和库存需求。由于 2013 年出口增长大体平稳，房地产和汽车市场出现恢复性增长，因此支持了以较小的政策力度，实现了稳增长的目标。

基于前面的分析，在增长转型没有取得实质性进展之前，随着风险积累和发展空间收缩，宏观经济环境趋于恶化，因此稳增长的压力会不断加大。从 2014 年的情况看，房地产投资增速预计将有一定下降，考虑到地方政府投资能力减弱，基础设施投资增速也可能有一定下降，这些会使投资增速有所减低。如果开始启动破产退出，规模和力度控制不当，也可能影响就业和收入，进而使消费增长有所下降。这些都会使经济增长下行压力有所加大。如果这些情况引起市场预期普遍转差，则库存需求会持续减少，经济下行压力会进一步加大。稳增长相关政策面临的压力预计也会较上年加大。

（1）继续实施积极的财政政策，注意提高中央财政的机动财力。2013 年预算执行有一定结余，在此基础上，2014 年赤字水平应该适当提高。同时进一步巩固"八项规定"的成果，优化财政支出结构，把能够节约的资金努力节约下来，把沉淀的财政资金尽可能盘活起来，多措并举扩大中央财政的机动财力。针对 2014 年地方政府投资能力减弱的问题，在加强项目审查的基础上，适度加大中央对地方建设资金的支持力度，适度加大中央代地方发债的数量。保持基础设施投资合理的增长水平。

（2）继续实施稳健的货币政策，保持合理的流动性。货币政策不宜承担过多职能，防控金融风险应该主要依靠破产退出、清理不良债务、强化风险责任约束。在既有货币资金需求格局下，货币政策重点是调节好稳增长与控通胀的关系。统筹货币金融环境稳定，资金链条可维持，支持实体经济发展等目标，协调好货币供给量增长水平。

（3）进一步推进简政放权改革，放宽市场准入，鼓励民间投资；继续做好稳定就业的工作，加强基本社保体系建设，守住保障基本民生这一底线。

（二）围绕破产退出和强化风险责任约束机制，全面深化改革

经济结构调整与转型，最重要的是明确风险责任，强化风险责任约束。没有这一机制保障，调整与转型将成为一个风险累积，甚至逆向调整的过程。例如在缺少风险约束的条件下实行利率市场化改革，由于本金风险不被关注，资金就会越来越多地流向风险高、需求刚性大、利率提高空间大的不良经济部分。而伴随高风险的高利率，又为提高存款利率，争取储蓄资金提供了源源不断的支持。其结果必将是伴随风险水平提高的利率水平持续提高，对实体经济转型升级必将形成日益加强的压制，对房地产市场需求也会形成沉重打击。因此必须把完善破产退出制度的改革排在经济体制改革的首位，首先要明确财产责任，强化风险责任约束。在周密部署的基础上，对典型案例，例如今年初的"中诚信"事件，启动破产清算程序，进而对各种融资活动形成有效警示，抑制由风险度提高支持的利率水平提高。

破产退出改革重在制度和机制建设，不宜追求数量和规模。2013 年规模以上工业企业亏损面为 14.7%，企业数达 5.1 万家；如果考虑造城运动和地方债的清理问题，需要清退的企业和项目数量非常多，涉及的资产规模大、资金链条长。从产业发展角度看，如果迅速完成低水平企业破产，调减相应产能，确实可以明显改善行业发展环境，激活创新驱动型投资；但也会带来失业职工数量大，银行不良债务规模大，可能影响经济增长的稳定，引发系统性金融风险。类似中诚信事件，如果作为破产清算处理，工商银行理财金客户受到损失，则理财金产品的销售筹资能力就会削弱。如果数量多而且处理集中，就容易引起普遍的恐慌，从放心借贷转向现金为王，市场流动性会快速消失，市场需求将出现严重萎缩，资金链条会的统一监管全面断裂。基于这些考虑，破产退出的改革应注意以下几点。

（1）完善破产退出机制。借鉴国际经验，简化企业登记、注销、破产和资本退出等相关程序，降低退出成本[1]。围绕国有企业改革，进一步明晰产权，规范财产责任，减少政府对其过度保护，按照股权多元化和发展混合所有制经济的方向，积极稳妥地启动国有企业的破产退出改革。

（2）完善政府对企业退出的直接干预。要区分不同行业、不同企业的具体情况，参照国际做法，加强有针对性的直接干预措施储备。包括收购、兼并重组、海外投资等。

---

[1] 王怀宇、马淑萍："产能过剩背景下企业退出政策体系的国际经验研究"，《国务院发展研究中心调研报告》2013 第 139 号。

（3）清理地方性优惠及保护政策；完善产品质量检验、质量标准定期评估修订制度；加强对污染排放的统一监管①。

（4）推进银行股权结构多元化改革，完善对各类金融活动特别是影子银行活动的监管，及时发现并锁定风险项目，抓住典型启动破产清算程序。

（三）积极稳妥推动城镇化模式实质性转变

2013 年 12 月份召开了中央城镇化工作会议，对城镇化工作进行了全面安排部署。要按照会议要求认真抓好落实工作，积极稳妥推动城镇化模式实质性转变。既不能再搞铺摊子、扩规模为主的城镇建设，也要扎实开展工作。

1. 从上到下抓紧制定好城镇发展规划

抓紧制定国家新型城镇化规划，力争看得更远，更科学，保证一张蓝图干到底。各个城市群应在国家城镇化规划指导下，抓紧制定城市群整体发展规划；各个城市政府应根据城市群发展规划制定城市发展规划。都要力争看得更远、更科学。把中央城镇化工作会议的精神，加快体现在各级城镇化发展规划之中。规划制定与规划立法工作要紧密衔接，成熟一个，就应及时通过相应人代会程序批准一个，批准后就要成为法律文件。

2. 在模式转变中，全面提高基础设施建设水平

要切实根据规划的要求，着眼长远、着眼整体调整既有的基础

---

① 许召元："建立公平统一的市场环境，防范产能过剩行业'优汰劣胜'"，《国务院发展研究中心调研报告择要》2013 第 187 号。

设施建设活动，对城市基础设施进行系统、科学的统筹安排。一要注重城市群内各城市之间的基础设施系统的建设，二要注重城市内部基础设施的配套建设，特别是地下设施与地面设施建设之间的配套。要把基础设施建设作为各级政府的一项长期重大任务，通过改革完善相关制度和机制，对是否按照规划要求、是否达到设计质量和水平等，要建立行政问责制度。

3. 进一步强化各级政府的公共服务职责

一要在城市范围内加快基本公共服务的全覆盖，推进进城农民市民化；二要加快城市群内各城市间基本公共服务均等化。根据各级政府基本公共服务职责变化，加快推进财税体制改革，保障财力与支出责任相一致。

4. 稳定房价

针对当前人口和相关的买房、用车需求过度集中在一线大城市的矛盾，各个大城市应该立足当前、着眼长远，在兼顾长远规划目标的前提下，充分挖掘资源潜力，科学调整城市发展规划，努力增加供地能力和综合承载能力，支持房地产建设，增加住房供给，稳定投资、稳定房价。

执笔：张立群　苟文峰

第二章
新时期我国财政、货币政策面临的挑战

新时期我国面临增长阶段转换，经济增速将下降到7%左右甚至更低的速度。与此同时，经济结构面临全面转型，城镇化将提速，产业和贸易结构有待升级，生态环境亟待改善，人民生活和福利水平有待提高。十八届三中全会以后，新一轮改革开启，将加速经济金融结构转型。在这样的宏观背景下，我国财政货币政策将面临一系列挑战。

一、新时期我国财政政策面临的挑战

（一）在财政收入增速下滑和刚性财政支出增长、政府债务累积的压力下，财政政策调控的空间将被大大压缩

伴随着新时期经济增速下台阶，贸易增速下台阶，以及营改增在全国的推开，税收增速将下降，呈中低速增长。随着房地产市场调控的加强和房地产市场的降温，中央和地方政府的土地出让收入

可能继续下降。与此同时，教育、医疗卫生、社保等刚性支出继续快速增长，环保支出也将因环保压力增大而扩大。这样两头夹击之下，要保证财政收支平衡已很不容易，何况还要逐渐消化已有的政府债务、保持财政可持续性。未来在经济下行时，实施积极财政政策的空间就将大大压缩。按照十八届三中全会改革决定和建立现代政府预算制度①的要求，我国将建立跨年度预算平衡机制。这也意味着，在实施财政刺激政策之后的经济进入上升周期后需要增加财政盈余以弥补以前年份的财政赤字。这就加大了对财政政策逆周期调节实行事前测算和规划的难度，也提高了对运用财政政策进行宏观调控中精准性的要求。

2012 年以来，我国税收和财政收入增速大幅下降，与"十五"和"十一五"时期相比，已下了一个台阶。2012 年全国财政收入同比仅增长 12.8%，税收收入仅增长 12.1%，与 2000 年到 2010 年的年均增速 20%、19.3% 相比，增速大幅降低。而当年，我国财政支出增长 15.1%，相比 2000 年到 2010 年年均增速 18.9% 仅下降 3.8 个百分点，低于财政收入降幅，导致财政赤字进一步扩大，赤字率达到 1.64%。2013 年，总体延续了这种趋势。期间，全国财政收入累计同比增长 10.1%，税收累计同比增长 9.8%，全国财政支出累计同比增长 10.9%，全国公共财政赤字 1.06 万亿元。而据审计署数据，2013 年 6 月底，我国中央和地方政府直接债务共20.7 万亿元，占 GDP 的 38%，直接和或有公共债务规模共达

---

① 参见十八届三中全会《决定》和楼继伟："建立现代财政制度"，《人民日报》，2013 年 12 月 16 日。

30.27 万亿，占 GDP 的 55.5%。三十年来，我国一直实行赤字财政（除了 2007 年略有盈余①）；近些年来，地方政府更加依赖举债进行大量建设投资，导致地方政府债务膨胀。目前，虽然我国国家债务负担率（国债与 GDP 的比率）很低，2012 年约为 14.94%，远低于国际公认的警戒线（45%～60%），但中央和地方债务的总体负担率近年来的快速提升，尤其是地方债务的迅速膨胀、一些地方政府偿债负担较大则暗示着政府债务压力。

而这尚未考虑全部政府隐性债务。政府隐性债务包括政府负有担保责任或出现违约情况下政府不得不运用财政资金进行最后兜底的各类债务。根据该定义，铁道部负债、社保基金缺口、政策性银行负债、国有银行及非银行金融机构不良资产均属于典型的政府隐性负债。截至 2012 年末，铁道部负债 2.79 万亿元，中国铁路总公司成立后承担了全部债务。如按照 3.8% 的年利率推算，铁总每年需支付的利息就高达 1060 亿元。而 2012 年，铁道部收入 9632 亿元，息税后利润仅 1.96 亿元。随着 2014 年以后还债高峰期的到来，铁路总公司的债务违约风险将上升。如果依靠提高铁路运输价格、改革管理体制、引进外部资本等措施仍不能消化这些债务，那么中央财政很可能不得不承担其中一部分。更为严重的是，养老金缺口问题。根据财政部公布的 2013 年社会保险基金预算看，当年企业职工基本养老保险费与支出之间的缺口达 2331 亿元，当年财政补贴收入 2669 亿元。这还未考虑数额庞大的个人账户空账（2012 年就已达 2.49 万亿）需要财政补助逐步充实。而据全国老

---

① 实际上是因为地方政府财政赤字。

龄委的预测，未来十年我国仍将处于快速老龄化阶段，随后 30 年进入加速老龄化阶段。2020 年，我国老年人口将达到 2.48 亿，老龄化水平达到 17.2%. 这意味着对养老基金的财政补贴将继续放大①。这些或有及隐性负债未来一旦转为显性，将进一步加重财政负担。

这些情况决定了未来我国在面对经济负向冲击时，政府实施积极财政政策进行宏观调控的空间将会大大压缩。

（二）地方政府债务风险加速集聚，新时期可能使我国财政政策面临挑战

如上所述，我国地方政府债务总规模虽仍处于可控空间，但近几年其规模一直快速增长，且管理尚缺规范，导致风险快速集聚。由于其内在增长机制暗含着财政体制和增长方式等方面的长期问题，新时期其有可能继续以较快速度增长。这无疑将进一步放大财政风险，并可能在未来将政府拖入风险处置中。这将进一步挤压未来财政政策的灵活调整空间。

根据审计署公告数据，2010 年底全国地方政府性债务余额达107174.91 亿元，比上年增长 18.86%，增速比 2009 年下降 43.06个百分点。而到 2012 年底，地方政府性债务达到 158855.32 亿元，也就是说，2011 年到 2012 年年均增长了 22%。2013 年 6 月底，地方政府性债务达 178908.66 亿元②，比 2012 年底增长 12.6%，年化

---

① 中国银行和德意志银行的《化解国家资产负债中长期风险》报告中甚至预测 2050 年养老金缺口将超过当年财政支出的 20%。

② 其中，地方政府负有偿还责任的债务 108859.17 亿元，负有担保责任的债务 26655.77亿元，可能承担一定救助责任的债务 43393.72 亿元。

增速达 26.8%。而按照较窄的口径，不考虑地方政府或有负债，只考虑地方政府负有偿还责任的债务，2013 年底也已达 108859.2 亿元，比 2012 年底增长 13.1%，年化增长率 27%。如此快速的债务积累导致一些地方政府已经负债率过高。据审计署公告，截至 2012 年底，有 3 个省级、99 个市级、195 个县级、3465 个乡镇政府负有偿还责任债务的债务率高于 100%；其中，有 2 个省级、31 个市级、29 个县级、148 个乡镇 2012 年政府负有偿还责任债务的借新还旧率超过 20%。

近两年以来，市场对地方政府债务违约风险的预期上升。2013 年年初，英国《金融时报》根据中国官方数据估算，2012 年底到期的中国地方政府贷款约有人民币 4 万亿元，而我国国内银行已经至少将其中的 3 万亿元贷款展期。在我国已实行的中央代发地方债和试点地方自主发行地方债框架下，均采取了中央财政代理地方支付本息的办法，而地方政府未能及时还本付息、由中央财政暂时代还的情况已有发生。城投债方面，2011 年，"云投债"和"申红债"违约风险骤升导火索引发的债市黑色 7 月也已敲响了城投债违约的警钟。由于我国地方政府性债务中存在如下问题：债务与项目收益期限错配、相当一部分被用于公益性项目和半公益性项目、部分项目收益率较低而融资成本较高、约三成多的债务依靠土地出让收入偿还而后者高度依赖于土地市场情况，随着未来三年还债高峰①的来临，地方政府的偿债压力大大增加，违约的概率也在上升。

---

① 根据审计署公告数据，2013 年 6 月底地方政府负有偿还责任的债务中将有 21.9%、17.1%、11.6% 分别于 2014 年、2015 年、2016 年需偿还。也就是说，其中未来三年约需偿还其中 50.5% 的债务。而这还不包括未来地方政府可能举借的新增债务。

事实上，我国地方政府性债务的产生和膨胀不只是诱发于2009年的四万亿刺激计划的地方配套资金要求，而且有其长期体制性原因。其中包括：政府间财权事权关系不合理①、地方政府预算软约束、财政资金使用效率不高、政府治理存在缺陷、过度追求经济增长目标和通过政府主导型投资拉动经济增长、投融资体制不完善等。而这些问题要得到解决需要一定时间，少则几年。新时期我国城市化水平将进一步提高，对市政交通基础设施和卫生环保等服务的需求将增大。这些因素决定了新时期我国地方政府投资和债务很可能继续扩大。由于此类债务的债权人或投资人囊括了银行、信托、券商、基金、保险公司等类金融机构，构成的系统性风险一旦爆发，将形成非常恶劣的影响。为此，中央政府可能会即便不情愿但考虑到宏观影响不得不出手帮助部分地方政府渡过难关，这很可能造成财政政策和货币政策双扩张的局面。如果出现通货膨胀，将难以应对。倘若爆发局部债务危机，中央政府被卷入救助中，并采取财政和金融救助措施，将加剧财政和货币政策的扩张。这种情况下，如果出现滞胀，将加大运用财政货币政策进行宏观调控的难度。

---

① 分税制改革后中央政府集中了大部分财权，但仍将大部分事权留给了地方政府，而转移支付制度设计不合理，专项转移支付比重逐年增大、分配随意性大，进一步扩大了地方政府收支缺口，使其不得不举债维持。

二、新时期我国货币政策面临的挑战

（一）资金脱媒和金融创新加速发展，降低了传统货币政策的有效性，对新时期货币政策提出挑战

近些年，为了规避金融监管和利率管制，我国商业银行和其他各类金融机构进行了一系列金融创新。而其结果最突出的反映在"影子银行"的大发展上。影子银行体系加上货币市场和资本市场的发展，使得资金加速脱媒。这里重点讨论影子银行问题。

影子银行是个外来概念。最早提出这一概念的 Paul McCulley 将其定义为游离于传统商业银行体系之外，从事与银行相类似的金融活动却不受监管或几乎不受监管的金融实体。而金融稳定理事会 2011 年则将其定义为在常规银行体系外的信用中介体系，包括组织实体和业务活动，其具有的期限转化功能、杠杆率和不完全的信用风险转换特征易引发系统性风险和监管套利。在我国，对其范围的界定仍有一些争议。央行统计司 2012 年的一个课题中认为，中国影子银行体系包括商业银行表外理财、证券公司集合理财、基金公司专户理财、证券投资基金、投连险中的投资账户、产业投资基金、创业投资基金、私募股权基金、企业年金、住房公积金、小额贷款公司、票据公司、具有储值和预付机制的第三方支付公司、有组织的民间借贷等融资性机构。这一定义较宽。而监管部门最近的一个文件中认为中国的影子银行主要包括三类：一是不持有金融牌照、完全无监管的信用中介机构，包括新型网络金融公司、第三方

理财机构等；二是不持有金融牌照，存在监管不足的信用中介机构，包括融资性担保公司、小额贷款公司等；三是机构持有金融牌照，但存在监管不足或规避监管的业务，包括货币市场基金、资产证券化、部分理财业务等。根据不同定义各方估算的影子银行体系规模也不同。中国人民银行、银监会的一份估算是 2012 年 3 季度末达 28.3 万亿元。而穆迪的测算是广义影子银行体系 2012 年底的规模达 29 万亿元，比 2012 年底的 17.3 万亿元上升了 68% [1]。标普的测算是 2012 年底 22.9 万亿元。国务院发展研究中心雷薇（2013）的测算则是 2012 年底我国影子银行总规模约 15 万亿左右，占当年 GDP 的 29% [2]。

　　影子银行体系的膨胀通过两方面影响货币政策。

　　一方面，它加速了资金脱离传统银行这一信用中介或脱离其表内而流通，降低了货币政策的有效性。传统数量型货币政策主要依赖银行信贷渠道传递，影子银行对正规银行的冲击和替代以及其自身不受央行管制的特点就大大破坏了货币政策的信贷渠道传导机制和效力，使数量型货币政策效力大大降低。由于其不受法定存款准备金要求限制，货币供应量中漏出增加，货币乘数增大且不稳定、调控者难以预测，因而货币政策调控效力会遭到弱化。借助不受央行结构性货币政策控制的"优势"，一些影子银行将资金投向地方政府融资平台、房地产业、"两高一剩"（高污染、高能耗、产能

---

[1]　详见《穆迪：中国影子银行体系》，华尔街见闻，2013 年 5 月 14 日。

[2]　详见雷薇："中国'影子银行'的界定及规模"，《国务院发展研究中心调研报告》，2013 年 8 月 22 日。2012 年底，我国金融机构本外币贷款余额为 67.3 万亿元。也就是说，15 万亿元的影子银行体系规模相当于它的近 1/4。67.3 万亿中包括委托贷款和信托贷款，因此估计影子银行体系与正规银行体系的规模之比超过 1/4。

过剩）等央行限制银行借贷的行业和领域，干扰了货币政策宏观调控，甚至在某种程度上加速金融脱离实体经济。

另一方面，影子银行成为影响新时期我国金融稳定和货币政策的重要因素。由于目前我国的影子银行有相当大一部分是充当银行表外信贷通道或表内非信贷融资通道的，且将大量资金投向了房地产业和地方融资平台中①，行业风险集中，如果房市泡沫破灭（不管是局部地区还是全国性的），其信用风险将大幅提高，且在影子银行体系和正规银行体系间快速传染，形成系统性风险或危机。银行理财产品的资金募集与投资的期限错配风险和整个体系的流动性风险也可能成为系统性风险的触发点。如果新时期影子银行体系产生的风险影响到我国金融稳定，将迫使货币政策追随救助需要。更麻烦的是，这些风险已经将央行放在了实施适度从紧货币政策逐渐挤破房市泡沫、保持经济稳定和实施适度宽松货币政策保证地方债务风险不爆发、"钱荒"不蔓延和金融稳定的两难中。尽管 2014 年 1 月国办颁发了 107 号文，全面加强对影子银行的监管；5 月，一行三会和外管局颁发 127 号文规范金融机构同业业务。但影子银行体系的存量部分问题要消化需要一段时间，预计以上效应在新时期仍会延续若干年。在影子银行体系中，新生的互联网金融要规范引导其良性发展、化解风险更是需要一定时间探索。

此外，货币市场和资本市场的发展也促进了资金脱媒并降低了货币政策效力。大型企业、金融机构、地方政府可以通过它们融

---

① 例如，2012 年底，信托业资金投向基础产业和房地产业的占到了 33%。

资，然后通过存款回流银行体系，增加货币创造。货币政策的变动只能通过利率和资金供应间接影响其通过货币市场和资本市场的筹资难度。在市场资金充裕时，这种影响力可能很小。近年的地方债筹资容易，这是部分原因。商业银行通过股票、债券市场筹集资本金，应对资本管制和规避货币政策调控，更是影响到央行通过基础货币调控货币供应量的难度。

资金脱媒对货币政策的影响还表现在金融统计上。M2 的可测性和可控性已大幅降低。过去用等式新增 M2 = 新增（外汇占款 + 国内信贷 + 存款类机构购买的直接融资工具 – 财政存款）来预测 M2 准确度很高，而近三年来偏差越来越大。尽管央行已发现了同业渠道这一重要的新货币创造渠道，并有针对性地将同业存款纳入 M2 统计①，但因商业银行同业业务易受季节性因素、流动性水平和监管政策等影响，波动较大，M2 的稳定性也受到影响。近两年来，M2 超前 6 个月与 CPI 当期之间过去保持的高度相关性（即周期超前性）也不再稳定，反映出 M2 的可控性受到显著影响。这显示了货币政策调控实现物价稳定目标的能力下降了。作为控制货币供应量重要手段的信贷额度限制的作用也在降低。而替代性的社会融资总量控制还未施行，其稳定性和可靠性尚需质疑。新时期货币政策的调控方法亟须改变和探索。

---

① 从 2011 年 9 月起纳入。详见央行 2013 年第三季度货币政策报告的"同业业务"专栏说明。

（二）新时期我国将加快推行利率和汇率市场化改革，货币政策调控机制面临转型

改变金融市场的扭曲现象，尤其是上文所述的当前影子银行畸形发展怪相，突破资金配给等金融压抑状态，让价格在市场配置金融资源过程中起基础性调节作用，利率市场化是必行之径。十八届三中全会决定明确提出推进利率市场化和汇率市场化的要求。新时期，随着三中全会决定精神的贯彻，我国的利率市场化和汇率市场化改革将深入推进。

利率市场化改革方面，我国已在 1996 年实现同业拆借市场利率市场化，之后又先后放开了金融债、国债、企业债的利率管制，2004 年底彻底放开外币存贷款利率，并取消了人民币贷款利率上浮封顶和存款利率下浮限制。2006 年后，将商业性个人住房贷款利率下限逐步扩大到基准利率的 0.7 倍。2013 年 7 月全面放开人民币贷款利率管制（不含个人住房贷款），10 月建立贷款基准利率集中报价和发布机制。下一步利率市场化改革的重点是逐步放开存款利率上限并完善市场利率体系、健全市场化利率宏观调控机制。

利率市场化改革在微观上，将加大金融机构之间的竞争，要求商业银行提高自主定价能力、改变盈利方式、实现业务和管理转型。在宏观上，会加速资金脱媒，要求货币政策转型及配合。

新时期在逐步放宽存款利率上浮限制时，需要选择和营造适宜的宏观环境。一般来说，在市场流动性较为充裕时放宽存款利率上浮管制，不易产生利率急升、损害金融机构健全性和经济增长的局面。这就要求货币政策保持较宽松的环境。而我国银行和影子银行

的期限错配造成流动性紧缺，近两年来，"钱荒"和市场利率暴涨多次发生。2013年6月的钱荒中银行间市场隔夜拆借利率甚至一度攀升至13.4%。央行开展常备借贷便利操作注入流动性才平抑了利率。未来推进存款利率市场化，首先要解决金融机构流动性缺乏的问题，要求其加强流动性管理，然后才是在物价较为稳定时期保持适度宽松货币政策、为其营造合适的宏观环境。

根据发达国家推行利率市场化过程的经验，利率市场化后，大型企业将更偏向通过货币和资本市场融资（如发行票据、企业债等），因为其融资成本往往低于银行借款利率。这就使资金脱媒加剧。而这一过程中，央行货币政策则应逐步由数量型向价格型转型。人行已提出过渡期综合运用数量型和价格型方式调节，然后转到以价格型调控为主。现在的问题是尚未形成完善的市场利率体系和作为货币政策中介目标的良好基准利率。作为央行培养的核心基准利率，SHIBOR虽然已被广泛运用于金融产品定价，且与质押式回购利率、拆借利率相关性较高，政策可控性也较强，但非理性程度较高。SHIBOR短端的基准性已经显现，但长端的基准性还有待加强。为此，需要培育1个月期限以上的拆借和回购市场（目前交易较清淡）和3个月以上的货币市场产品，为SHIBOR的中长端报价提供参考①。

汇率市场化改革方面，我国2012年4月取消了银行间即期外汇市场上非美元货币的日波动幅度限制，将美元对人民币汇率的日波动幅度扩大到中国外汇交易中心公布的当日中间价上下1%。外

① 参考戴国海、李伟，SHIBOR在我国基准利率体系中的地位极其完善渠道研究，2013。

汇指定银行为客户提供当日美元最高现汇卖出价与最低现汇买入价之差不得超过当日汇率中间价的幅度由1%扩大至2%。以后的汇率市场化改革还需逐步放大波动幅度限制、提高外汇市场的深度和广度、提高中间价透明度、央行逐步退出外汇市场干预，并使汇率市场化改革与利率市场化和资本项目开放改革和货币政策框架调整相配合。

根据蒙代尔不可能三角定理，新时期在推动资本项目开放的同时，要保持货币政策独立，就必须推动汇率市场化改革，扩大汇率的浮动幅度。而在汇率处于非均衡状态下推进利率市场化，会造成货币升值或贬值预期，诱发资本流动。因此，比较理想的状态是，在汇率相对均衡或者贬值时推动利率市场化，这样货币政策相对较为主动。2005年人民币汇率形成机制改革以来到2013年底，人民币对美元汇率已累计升值35%，实际有效汇率升值38.6%。央行副行长易纲2013年11月下旬曾表示人民币汇率已接近均衡水平，而人民币NDF报价已非常接近中间价。这说明人民币汇率调整已基本到位。而随着美国QE的逐步退出和美元资产利率的上涨，对我国的短期资本流动将可能流出。这意味着未来几年将是利率市场化的好时机，货币政策的主动性也趋于增强。

但随着资本项目开放和汇率市场化改革的推进，汇率作为货币政策工具的作用将需要淡出。这也意味着货币政策将更依赖于其他价格型工具（包括准备金率、公开市场操作等），这就需要货币政策加速转型。

三、新时期财政、货币政策配合面临的挑战

新时期，我国很可能将继续面临外部需求低迷，而内需中消费短期难以提速，政府主导型投资难以为继，经济增速小幅下滑的局面。随着美国逐步退出 QE，新兴经济体多遭遇资本外流冲击，货币贬值，经济减速。而欧盟经济除了德国和英国缓慢复苏，其他经济体增长停滞。美国经济也只是微弱复苏。日本经济受限于未来财政改革和因多种因素造成的出口低迷难有大幅改善。IMF 预测 2014 年世界产出将增长 3.6%，其中发达经济体增 2.1%，新兴和发展中经济体增 5.4%。预计由于发达国家不可能再维持本次危机前的透支消费且需继续财政紧缩以消化高债务负担，世界经济难以维持危机前的模式，我国将面临远低于危机前的外部需求增速，贸易顺差增速收窄。而内需中当前依赖政府债务支撑的政府主导型投资将难以为继。这些因素决定了新时期我国经济只能保持中速增长，而国内经济矛盾或将渐渐变得尖锐。过去的货币超发可能导致未来通货膨胀压力增大，而地方政府债务问题随着风险升高或局部引爆而必须化解。边际滞胀和政府债务压力如果同时到来，财政货币政策如果同时紧缩则经济可能大幅减速、失业增加、社会问题增多，而如果财政或货币政策一松一紧，则或者是政府债务问题或者是通货膨胀问题进一步放大，总之难以两全。这样，只能靠结构改革来化解一些问题，为财政货币政策解解围。

执笔：戴慧

第三章
过去十年我国财政、货币政策操作及启示

改革开放以来，我国经济运行大体经过三个明显的中周期波动。从 2003~2012 年的十年，大体和第三个经济周期吻合。由于经济运行发生周期性变化，宏观调控政策（财政、货币乃至产业政策）取向也有明显的变化。

一、经济上升阶段的财政、货币政策操作

（一）复苏阶段向扩张阶段转换时期的财政、货币政策操作

2003~2004 年，我国迎来了新世纪第一轮明显的通货膨胀。出现上述局面，原因是多方面的。但最主要的，是我国经济运行进入了新一轮增长周期。采取 HP 滤波法对我国 GDP 增长进行平滑，可以发现：2000~2002 年，我国经济增长率明显低于潜在增长率；2005~2007 年，经济增长率则明显高于潜在增长率；2003~2004 年间，GDP 增速和趋势值基本相符。种种迹象表明，当时我国经济

正处在经济周期运行由复苏阶段向扩张阶段转换的转折点上。

针对当时经济运行中出现的新情况、新问题，党中央、国务院采取了一系列措施。其中财政、货币政策调整的内容主要有以下方面。

1. 微调财政政策

在适当减少长期国债发行量的同时，调整国债和新增财政资金使用方向，重点向"三农"倾斜，向社会发展倾斜，向西部大开发和东北地区等老工业基地倾斜，向生态建设和环境保护倾斜，向扩大就业、完善社会保障体系和改善困难群众生活倾斜。2005 年，中央预算安排财政赤字比上年减少 198 亿元。

世纪之交，以土地经营为依托，"城市经营"逐步流传开来。针对一些地方违规开展财政担保以加快城市基础设施建设的现象，2005 年初，财政部发布《关于规范地方财政担保行为的通知》，明确要求各地方财政严格遵守有关法律规定、禁止违规担保。对于已构成担保行为的，地方政府则要采取切实措施，督促企业认真履行合同，保证偿还。

2. 微调货币政策

自 2003 年 7 月到 9 月，中国人民银行先后 3 次召开窗口指导会议，提醒金融机构注意防止资本充足率下降，防范各类信贷及流动性风险，督促金融机构适度控制贷款总量。

为了遏制货币信贷过快增长的问题，中国人民银行采取了一系列措施。具体包括：将金融机构存款准备金率提高 1 个百分点；实行差别存款准备金率制度，将资本充足率低于一定水平的金融机构存款准备金率提高 0.5 个百分点；对用于金融机构头寸调节和短期流动性支持的再贷款，提高利率 0.63 个百分点；上调金融机构存贷款基准利率 0.27 个百分点；放开金融机构（城乡信用社除外）人民币贷款利率上限并允许人民币存款利率下浮。此外，中国人民银行还召开"窗口指导"会议，要求各商业银行合理把握贷款进度，防止大起大落，支持经济平稳增长。

配合实施产业政策，是货币信贷政策的重要内容。早在 2003 年底，中国人民银行货币政策委员会季度例会就明确提出，要着力调整信贷结构，控制信贷资金流向盲目投资、低水平重复建设的行业，鼓励和引导商业银行加大对农业、中小企业、扩大消费、增加就业方面的贷款支持。此后，中国人民银行、中国银监会等部门多次发文，要求各家金融机构贯彻产业政策，遏制钢铁、电解铝、水泥等产业盲目投资和低水平重复建设，切实保障信贷资产安全。

（二）繁荣顶峰时期的财政、货币政策操作

2007 年下半年，我国再次出现明显的通货膨胀压力。本轮通货膨胀是经济运行经过持续快速发展、进入繁荣高峰期的表现，具有典型的需求拉动特征。首先，货币政策宽松，市场流动性充裕。我国实行的是强制结售汇制度，国际收支顺差是人民银行现金投放的重要渠道。2004 年到 2007 年，我国外汇储备从 6099.3 亿美元增加到 15282.5 亿美元，因外汇占款而投放的现金接近 7 万亿元人民币。在此情况下，即便中国人民银行大量发行央行票据来开展对冲操作，仍难以真正扭转流动性过剩的局面。其次，市场情绪乐观，资产价格快速上涨。从 2006 年到 2007 年 10 月，我国股市走出了一

轮"波澜壮阔"的牛市行情。如果说 2006 年股市的上涨是对 2001 年以来多年"熊市行情"的矫正，那么，2007 年股价的快速上涨，则更多是受市场乐观情绪和市场投机的驱动。房地产价格也出现了明显的上涨。在一些热点城市，甚至出现了居民像抢购"大白菜"一样抢购商品房的景象。再次，基础产品、原材料和食品价格快速上涨，成为引发价格水平上涨的导火索。2007 年以来，世界石油、粮食、铁矿石等大宗商品价格出现快速上涨局面，对国内物价水平的上涨发挥了重要的引领作用。而生猪价格的明显上涨，则直接拉升了 CPI。

针对当时经济过热、通胀加剧的局面，党中央、国务院采取了一系列调控措施。

1. 实施紧缩性的财政政策

2007 年，中央预算安排赤字 2450 亿元，较 2006 年预算数减少 500 亿元；实际执行结果为 2000 亿元，较预算数减少 450 亿元。与此同时，2007 年中央预算安排稳定调节基金 1032 亿元，较上年增加 532 亿元。2008 年，中央预算安排赤字进一步下降，只有 1800 亿元。赤字规模的逐步下降和预算调节基金的增长，反映了有关部门控制政府支出、遏制经济过热的政策导向。

为了推动节能减排，遏制贸易顺差持续增长的局面，有关部门从 2007 年起，陆续取消了水泥、肥料、一般普碳焊管、氯和染料等产品的出口退税；降低了植物油、塑料、橡胶及其制品、服装、鞋帽等产品的出口退税率。此外，还对不锈钢锭、钨初级加工品等加征出口关税，对木浆、焦炭、铁合金等产品出口开征或提高了出口关税。为了遏制股市泡沫，财政部还将证券交易印花税率从 1‰ 上调到了 3‰。

2. 实施紧缩性的货币政策

提高法定存款准备金。在持续发行央行票据，仍不足以"抹干"多余流动性的情况下，央行启用了调整法定存款准备金率手段。从 2007 年 1 月到 2008 年 9 月，中国人民银行共提高金融机构法定存款准备金率 16 次，将大型商业机构存款准备金率从 9% 提高到 17.5%，中小金融机构从 9% 提高到 17%。初步测算，仅此一项就回收现金投放 38264.6 亿元，在一定程度上缓解了流动性过剩的局面。

调整存、贷款基准利率。从 2007 年 3 月到 2007 年 12 月，中国人民银行共上调基准利率 8 次，存款基准利率由 2.52% 提高到 4.14%，贷款基准利率则由 6.12% 提高到 7.47%。

控制信贷投放和货币供应量增长。随着通胀压力的加大，货币投放逐渐收紧，货币增速开始呈现下降趋势。2008 年上半年，M1 增速从年初的 20.7% 稳步下降到 6 月末的 14.2%，下降了 5.5 个百分点；M2 增速从 18.9% 下降到 17.4%，下降了 1.5 个百分点。到 9 月末，M1、M2 增速更是分别下降到了 9.4% 和 16.4%，和上年同期相比，增速分别下降了 12.7 个百分点和 3.2 个百分点。

遏制资产价格泡沫的发展。在应对股市泡沫方面，有关部门的主导思想是加快新股发行步伐，通过增加市场供给来解决市场供求失衡问题。2007 年，A 股市场通过 IPO 方式共筹集资金 4809.85 亿元，较 2006 年增长了约 2.6 倍。特别是最后四个月，月平均筹资额超过 700 亿元，是 2006 年全年筹资额的一半以上。面对日益高涨的房价，有关部门也放弃了单纯控制房价的思路，把政策重点转向保障城市地区低收入群体。《国务院关于解决城市低收入家庭住房困难的若干意见》明确提出：到"十一五"期末，要力争使低收入家庭住房条件得到明显改善，农民工等其他城市住房困难群体的居住条件得到逐步改善。

二、经济下降时期的财政、货币政策操作

（一）经济衰退时期的财政、货币政策

2008 年下半年，由于次贷危机的蔓延，也由于股票、房地产泡沫破灭，中国经济运行出现了急速衰退的迹象：股票、房地产价格屡创新低，投资增速急剧下降，铁矿石、煤炭等大宗产品价格大幅滑落，消费品价格变动态势发生逆转。11 月 5 日，根据经济运行态势的变化，国务院常务会议果断提出：实行积极的财政政策和适度宽松的货币政策，以促进经济平稳较快增长。

1. 实施积极的财政政策

2008 年 11 月 15 日，国务院常务会议确定了进一步扩大内需的十项措施，具体如：加快建设保障性安居工程，加快农村基础设施建设，加快铁路、公路和机场等重大基础设施建设，加快医疗卫生、文化教育事业发展，加强生态环境建设等。初步匡算，实施上述措施，在两年内将产生约 4 万亿元的投资。

4万亿投资的资金来源,一部分来源于中央政府,2008年,中央政府财政赤字为1800亿元。2009年和2010年,中央政府赤字分别为7500亿元和8000亿元。两年合计,中央政府共增加赤字11900亿元;还有一部分资金来自地方政府。根据《中华人民共和国预算法》,地方政府预算必须"按照量入为出、收支平衡的原则编制,不列赤字"。因此,虽然有中央政府代为发行的4000亿元债券,但要完成为4万亿计划提供配套资金的任务,地方政府必须另辟蹊径。可行的选择就是在土地使用权出让上下功夫。2009年,虽然上半年的房地产市场还十分困难,但在各级地方政府的共同"努力"下,全国土地出让金收入仍然达到了1.42万亿元,超过了2007年的水平。2010年,全国土地出让金收入更是高达2.9万亿元,占当年全国GDP的7.3%。土地出让金收入的增长,还为融资平台贷款的快速增长打开了空间。2009年和2010年,地方政府新增债务分别达到3.45万亿元和1.7万亿元。如果以2007年为基数进行测算,2009~2010年间,我国各级地方政府共筹集配套资金5.38万亿元(含中央政府代发的4000亿元国债),远远超出为4万亿计划配套的资金需要。

在扩大支出规模的同时,政府还积极推动减税。首先是实施生产型增值税向消费型增值税转型,同时,将小规模纳税人的适用税率从6%(或4%)统一调低至3%,以减轻小企业税收负担;将矿产品增值税税率恢复到17%,以促进资源节约和合理利用。其次,进一步提高纺织、服装、电子信息等产品的出口退税率,取消部分产品的出口暂定关税和特别出口关税,以稳定出口。

2. 实施适度宽松的货币政策

降低金融机构法定准备金率。从 2008 年 9 月中旬到 12 月末，中国人民银行 4 次调低金融机构存款准备金率，共将工商银行、农业银行、中国银行、建设银行、交通银行及邮政储蓄银行的法定存款准备金率调低 2 个百分点，将中小型存款类金融机构存款准备金率调低 4 个百分点。

降低存款类金融机构存贷款基准利率。中国人民银行 4 次调低金融机构人民币存贷款基准利率，将 1 年期存贷款基准利率分别下调 1.89 个百分点。此外，中国人民银行还扩大了商业性个人住房贷款利率下浮幅度，降低了个人住房的最低首付款比例。

引导银行增加信贷投放。面对困难局面，政府在号召企业"不裁员"的同时，也号召银行"不抽贷"。在此背景下，银行对信贷投放趋于积极，通过地方融资平台、大企业等渠道，银行信贷投放呈现快速增长态势。2009 年，广义货币供应量（M2）预期增长目标为 17%，新增贷款目标为 5 万亿元。事实上，我国广义货币的季度增长率（同比）从未低于 25%，在三季度末甚至一度接近 29.3%。2009 年，全年新增贷款 9.6 万亿元，几乎是计划目标的两倍。

（二）经济调整时期的财政、货币政策

4 万亿投资计划和 9.6 万亿贷款的强力拉动，有效遏制了我国经济快速下滑的势头，使经济运行实现了"V 型"反弹，但同时也带来了经济过热和通货膨胀的压力。此后，宏观调控面临的重要任务，就是消除过度刺激的消极后果，保持经济全面、协调、可持续

发展。围绕"稳增长、调结构、控风险",财政政策、货币政策都做了相应的调整。

1. 调整财政政策

稳定财政赤字,逐步降低赤字依赖度。2010 年,全国财政赤字总规模为 10000 亿元,其中中央财政 8000 亿元,代地方发行债券 2000 亿元。2011 年和 2012 年,财政预算赤字规模分别为 9000 亿元(实际执行结果为 8500 亿元)和 8000 亿元,呈稳步下降趋势。财政赤字占 GDP 的比重也从 2009 年的 2.84% 逐步下降到 1.54%。与此同时,大力优化财政支出结构,切实增加民生投入,实现了新型养老、医疗制度的全覆盖,使教育投入占 GDP 比重达到 4%,科技研发投入占 GDP 比重接近 2%。

加强地方融资平台管理。2010 年 5 月,国务院常务会议专题研究加强地方政府融资平台公司管理问题,提出要抓紧清理核实并妥善处理融资平台公司债务;分类清理规范地方政府已设立的融资平台公司;加强对融资平台公司的融资管理和银行业金融机构等的放贷管理,以有效防范地方财政金融风险。

完善税制,实施结构性减税。2011 年 6 月,十一届全国人大常委会第 21 次会议表决通过关于修改个人所得税法的决定。将工资、薪金所得适用的税率由九级超额累进简化为七级超额累进,在适当降低第一级税率的同时,将工资、薪金所得的免税扣除标准由原来的 2000 元/月提高到 3500 元/月。2011 年,"营改增"试点工作在上海启动,到 2012 年 8 月,"营改增"试点已扩大到 10 省(市)。与此同时,房产税试点工作在上海、重庆两市同时展开。

2. 调整货币政策

回归审慎货币政策。根据"保持宏观经济政策的连续性和稳定性"的要求，适度宽松的货币政策在 2010 年得到延续，但广义货币年度增长目标被确定为 17%，明显低于上年增幅。新增人民币贷款控制目标被确定为 7.5 万亿元，也明显低于上年的 9.6 万亿元。2011 年，"适度宽松"的货币政策被"稳健的"货币政策所取代，广义货币年度增长目标被确定为 16%。2012 年广义货币增长目标被确定为 14%。

严格控制货币供应超常规增长。为了防止再次出现信贷规模超常规增长的现象，人民银行在 2010 年先后六次提高存款类金融机构法定存款准备金率，将法定存款准备金要求从 15.5% 提高到 18.5%；随后，在 2011 年上半年，中国人民银行基本维持了每月上调一次存款准备金率的节奏，在半年时间内，使银行法定准备金率再次上升了 3%。就这样，在短短 1 年半时间内，商业银行法定准备金率提高了 6 个百分点，有效地限制了金融机构发放贷款的能力。银监会则切实加强信贷指导，严格控制商业银行贷款发放的节奏。2010 年，全国金融机构人民币贷款余额增长 7.95 万亿元，超年度计划 4500 亿元。和 2009 年相比，执行贷款增长计划的严肃性显著增强。根据社会融资渠道发生的新变化，人民银行还决定，用社会融资总量取代货币供应量作为货币政策的中介目标，以提升货币政策的实施效果。

控制资产泡沫膨胀。面对股价持续快速上涨的局面，一度暂停的新股发行工作再次启动。大量新股上市，再加上管理部门加大了市场监管的力度,沉重地打击了股市炒作,削减了股市暴涨暴跌的幅度。针对部分城市出现的房价过快上涨问题,国务院办公厅发布了《关于促进房地产市场平稳健康发展的通知》,要求各地区、各部门采取措施,促进房地产市场平稳健康发展。在后续的跟进措施中,最有代表性的,莫过于对二套房的严格信贷限制政策和在部分热点城市实行住房限购了。

应当看到,政府在对经济运行实施宏观调控时,除了财政政策和货币政策,还采取了产业政策、价格管制乃至行政手段。产业政策的代表,有十大产业振兴计划,加快培育和发展战略性新兴产业发展的政策,以及以"两高一资"产业为对象的、防止低水平重复投资的政策、产能淘汰政策和市场准入政策。价格管制政策的代表,是对部分重要产品和服务实行临时价格干预,以推迟涨价为目的约谈代表性企业和行业协会。行政手段的代表,则是整治"开发区热"、加强建设用地管理,以及投资性住房限购。并且,在政策搭配上,也不总是以财政、货币政策为主。在 2003 ~ 2004 年的宏观调控中,就采取了以产业政策为主导,财政货币、政策予以配合的政策搭配。

三、对财政、货币政策操作的简要评论

(一)总的看,财政、货币政策操作的取向和政策搭配格局都是正确的,为保持经济持续稳定增长发挥了积极作用

从对过去十年财政、货币政策操作的简要回顾,可以清晰地观

察到：在经济运行出现转折的关键时期，政府的宏观调控政策都做了相应调整。在经济复苏向高涨阶段过渡的转折时期，政府对财政政策、货币政策做了微调，在一定程度上修正了过去的刺激性政策导向。在政策配合上，则以行政、产业政策为主，以财政、货币政策调节为辅；在经济繁荣的顶点时期，采取收缩性财政政策和货币政策，在政策搭配上以货币政策为主，财政政策、其他政策为辅；在经济衰退的关键时期，实施扩张性调控政策，并且政策搭配以积极财政政策为主，以适度宽松货币政策和产业振兴计划为辅。在经济调整时期，则完善、充实积极的财政政策和稳健的货币政策，在依托积极财政政策保持经济平稳运行的同时，更加重视通过深化改革、调整结构来管控风险、激发经济活力。这样的政策取向和政策搭配，契合了在不同发展阶段稳定经济运行的内在要求，体现了不同政策的特点。从总体上判断，无论是政策搭配或是政策取向的调整，其基本方向都是正确的。

正是在上述政策的引导下，过去十年来我国经济保持了持续、快速发展的局面。从 2003 年到 2012 年，我国 GDP 年均增长 10.45%，剔除期间的最高增长年份（2007 年）和最低增长年份（2012 年），大部分年份的经济增长都在 10% 左右。和前两个经济周期相比，我国经济运行的稳定性显著增强。

过去十年也保持了物价水平的基本稳定。2003~2004 年，我国迎来了新世纪第一轮明显的通货膨胀。从 2003 年 9 月到 2004 年 7 月，CPI 涨幅（同比）从 1.1% 上升到 5.3%；PPI 涨幅从 1.4% 上升到 6.4%。但在一系列宏观调控政策的引导下，我国物价变动逐步趋于平稳。CPI 在 2004 年 7、8 月份达到高点（5.3%）之后，呈现明显回落态势。到 12 月份，CPI 涨幅已降到 2.4% 。此后，在 2005 年和 2006 年，CPI 平均涨幅分别只有 1.82% 和 1.48% 。2007 年，我国再次面临通货膨胀压力，但在连续收缩银根等紧缩性货币政策的打压下，2007 年 10 月，我国股市上涨见顶，此后，经过一段时间的确认，终于在 2008 年初走上大幅回调之路；房地产市场的反应要慢一些，但在奥运会之后也开始回调。在奥运会之后，铁矿石、煤炭等大宗商品价格大幅滑落，投资增速急剧下降，消费物价涨幅明显趋缓。反危机、稳增长措施的实施，推动我国经济实现"V 型"反弹，也扭转了物价水平持续下降的局面，使消费物价指数、生产者物价指数增幅由负变正。随后，我们又积极调整、充实财政货币政策，遏制通货膨胀发展。2010 ~ 2012 年，全国 CPI 分别上涨 3.3% 、5.4% 、2.6% ，通货膨胀压力明显缓解。

（二）从操作角度看，也存在一些不足之处

一是政策力度不够恰当。在经济由复苏向高涨阶段转换期间，财政、货币政策应由扩张性的政策导向转向中性的乃至相对偏紧的政策导向。但当时却采取了以产业政策和行政干预为主导的政策组合，从财政支出角度看，只是把财政赤字规模削减约 200 亿元；从货币政策看，仅仅把基准利率提高 0.27 个百分点。如果考虑到物价水平的变化，实际利率水平甚至是下降的。这样的政策调整力度明显是不足的。其结果，只会是延迟通胀压力，并使其以更加猛烈的形式表现出来。不仅如此，不到位的经济调节还为行政干预、审批制的回归打开了大门。为了抑制投资过热，有关部门不得不求助于产业政策和市场准入政策，甚至把事后知会性质的备案制异化成

了审批制。同样，实施积极的财政政策和适度宽松的货币政策，对于应对危机、稳定经济增长是完全必要的。但最终财政支出的增长和货币投放的增加，都远远超出预料。防止经济过度下滑的政策最终导致经济过热和通货膨胀压力，究其原因，就在于刺激力度太大。

二是政策设计不够科学。不同于20世纪90年代着力重构政企关系和银企关系、着力厘清不同社会主体的责任和义务，进入新世纪以来，要求企业履行社会责任的压力不断增加。国有企业不仅要增强市场竞争力，提高盈利水平，还要带头履行社会责任；商业银行不仅要坚持商业经营原则，还要积极协助实施产业政策，从而导致政企关系更加密切。与此同时，由于政府是大政府、强政府，在税收减免、资源配置、土地供应等方面拥有很强的调控能力，企业、银行也有很强的动力与政府保持密切的关系。它们愿意听政府的"招呼"，愿意为政府"分忧解难"以获取额外的经济利益。由此形成了以"强力政府主导"为特色的"中国模式"。独特的经济结构，决定了中国与成熟市场经济国家不同的政策作用机理。这就决定了我国的宏观调控政策设计必须考虑中国特色。在普遍开展"招商引资"竞争、基本价格严重扭曲的背景下，仅靠中央政府的紧缩政策不足以改变激励投资增长的基本利益格局；同样，在刺激经济增长时，由于实现了激励共容，中央政府、地方政府、国有企业、国有商业银行目标一致、行动一致，最终不仅地方财政扩张超出预期，实体投资增长超出预期，银行信贷扩张也超出了预期，最终导致出现政策刺激过度。政策实施结果与政策设定目标的偏差，反映出政策设计水平有待进一步提高。

三是政策调整灵活度不够。从过去十年调控的经验看，物价（CPI）涨幅超过3%，是启动紧缩性货币政策的门槛。其暗含的假设，就是物价涨跌与经济总量失衡密切相关。事实上，由于规模经济、技术进步乃至政策因素的影响，物价变动和总量经济失衡未必同步。在19世纪末期，由于第二次技术革命的影响，美、英、德等国都曾出现过物价水平持续下降的局面。而过去十年，由于处在工业化中期发展阶段，拉动经济增长的主导产业都具有典型的规模经济特征，再加上信息技术显著提高生产效率，我国出现了有利于物价稳定的经济运行环境。在此背景下，继续沿用技术水平固定的假设，坚守物价上涨3%的干预门槛，只会导致宏观经济政策偏松、过度刺激经济的效果。不仅如此，在物价出现明显上涨态势之后才采取紧缩性政策，也使货币政策具有典型的"被动反应"特点。这样的政策操作，忽略了宏观调控政策的滞后效应，也是无助于保持经济稳定运行的。

四、改善今后财政、货币政策操作的建议

今后一段时期，是我国从中等收入国家向高收入国家跨越的关键时期，是改革开放向纵深全面发展的关键时期，也是由高速增长向中速增长转换的关键时期，宏观调控环境复杂多变，保持经济持续稳定增长面临巨大压力。借鉴过去十年来财政、货币政策操作的经验，今后我国可从如下几方面着手，完善宏观调控（财政、货币政策）操作。

（一）综合利用多方面经济信息，实施区间管理

当前，我国正处在潜在经济增长率出现阶段性下降的关键转折点上。有关潜在经济增长率的传统经验相应失效。由于高房价带来成本调整压力，也由于劳动力市场供求格局发生变化，有关物价水平变动与经济总量平衡状态的传统经验有效性显著下降；由于对外开放走向深入，跨国资本流动更加频繁，中国经济与国际市场的互动性显著增强；由于改革走向深入，政企关系、银企关系发生改变，政策传导机制也将发生变化，这些都会对宏观调控的决策、政策选择及搭配、政策实施以及政策效果带来深刻的影响。在此背景下，有关部门只有深入分析不同侧面经济数据的真实含义，对不同来源的经济数据去伪存真，综合判断，才能不断提高宏观调控决策的科学化水平，使政策设计精细化、政策搭配合理化，确保宏观经济稳定健康运行。

目前，对宏观经济实施"区间管理"是极端必要的。把通货膨胀作为经济过热的预警指标，把失业率上升作为经济偏冷的指标，分别为其设置警戒值。只要经济在目标区间内运行，就保持政策大体稳定，有助于减少政府调控政策的多变性，稳定社会预期，有助于为创新创业、产业升级和深化改革创造稳定外部环境。这对于把全社会的着眼点转到优化结构、提高效率上，对于加快经济社会结构转型具有重要的意义。

（二）要着力提高货币政策操作的独立性，提高货币政策灵活性

在过去十年里，有关部门出台大量规章制度，要求国有商业银行配合实施产业政策。结果，商业银行在大量履行社会责任的同时，不可避免地削弱了商业经营原则。在经济扩张时期，其弊端尚未充分显露出来。但当经济陷入衰退时，国有商业银行牺牲商业经营原则，积极服从政治决策的行为则带来了信贷质量显著下降和银行经营风险的显著增加。实践证明，（国有）商业银行、银监会、人民银行各司其职，独立开展业务，对于确保经济的持续健康发展具有关键性意义。

当前，我国金融市场深入发展，金融产品不断丰富，利率市场化、人民币国际化步伐明显加快，国内金融市场与国际金融市场联动性显著增强。利率、汇率偏离均衡水平，对资源配置、经济稳定运行的负面影响越来越大，相应的，对货币政策灵活性的要求也越来越高。只有提高货币政策独立性，才能真正夯实制度基础，不断提高货币政策操作的灵活性，避免出现持续价格扭曲导致资源配置严重扭曲的现象。

（三）建立统一全面的预算制度，消除政策内在不一致性

变相补贴盛行，"招商引资"竞争愈演愈烈，在扭曲价格信号的同时，也抵消了政府遏制经济过热，维持经济健康运行的努力；4万亿投资计划保障了中央财政投入的资金来源，却让地方政府自行解决配套资金问题，结果导致政府支出增加远超必要程度、地方

债务风险急剧增加。出现上述局面，制度性根源就是我国现行预算管理制度不完整、不透明，缺乏严格的外部监督。财政性资金大量游离于公共预算收支之外的局面，赋予了各级政府极大的自由裁量权。地方政府致力于追求加快发展，而中央政府致力于保持经济持续协调发展，两者在决策目标和行为导向上的差异，为政府间政策冲突和相互抵消埋下了伏笔。只有把全部的政府收支活动纳入预算管理，统筹使用公共资金，才能提高财政资金的使用效益，提高财政政策的实施效果。与此同时，只有打破公共资金分散运营和管理的局面，才能有效防范财政风险，把财政运行真正纳入可持续发展的轨道。

（四）加强财政政策、货币政策以及其他政策间的协调

我国已成为世界经济的重要一员，今后还将更深入地融入世界经济体系。在开放条件下实施宏观调控，必然面对"不可能三角"，即在资本流动、汇率稳定与货币政策独立性之间不可"鱼与熊掌"兼得。在此背景下，如何对传统政策搭配方式推陈出新，把利率、汇率政策与财政政策更有效地搭配在一起，以实现最优政策效果，将成为今后一段时期宏观调控面临的重要现实挑战。

在财政、货币政策之外，宏观调控工具还有产业政策、贸易政策、投资政策等。合理搭配、使用各种政策，对于提高政策设计水平、保持经济稳定增长具有重要的意义。特别是，今后一段时间也是改革全面深化的关键时期。围绕完善社会主义制度，推进国家治理体系和治理能力现代化的总目标，我国将加快关键领域和关键环节的改革。改革会打破既有的社会结构和利益分配格局，也会带来

政府施政理念、施政方式的重大变革。反映到宏观调控领域，则是各项政策的设计理念、工具选择、作用机制都将发生重大变化。在新的条件下，搞好政策搭配，以提高宏观调控政策效果，也是宏观调控面临的一项重要任务。

（五）要着力提高政策设计水平，提高政策实施效果

实施宏观调控，备选政策工具很多。不同的政策工具，其作用机制、适用条件、政策灵活性、起效快慢程度以及政策效果确定性等均存在明显区别。决策者面临的任务，就是准确判断经济运行态势变化，灵活选择政策搭配，科学设计政策，不断提高宏观调控的针对性和有效性，确保经济持续健康发展。无论是从过去十年的调控经验看，还是从我国经济运行机制将发生深刻变化的角度看，我们在提高财政、货币政策设计科学化水平方面都还有很大的改进空间。

执笔：张俊伟

第四章
追赶型经济体在增长阶段转换期的财政、货币政策
——以韩日两国为例

本章旨在研究增长阶段转换期韩国、日本等成功追赶经济体所采取的财政货币政策，评价其政策效果，总结政策共性和实施经验。

一、韩国在增长阶段转换期的财政、货币政策

韩国经济起飞是从 1962 年实施第一个五年计划开始的，逐步形成了政府主导的出口导向型发展模式与制度体系。但进入 80 年代以后，支撑韩国经济高速增长的供求条件发生变化，原有制度体系不再适应新形势的要求，面临增长减速、动力转换和制度转型。进入 80 年代以后，高速追赶期遗留的老问题与转型期产生的新问题交织在一起，引发了"韩国病"，韩国在 1997 年金融危机前已经表现出一些落入中等收入陷阱的症状。

（一）金融危机前的财政、货币政策

金融危机前，韩国政府采取了一些应对措施，但进展缓慢，深层次结构问题没有根本解决。

1. 在宏观政策方面，实施了宏观稳定政策，但货币环境仍然宽松

60~70年代的高速增长伴随着严重的宏观失衡。重化工业导向的发展政策导致了过多的投资需求和货币投放，加上财政赤字以及两次石油危机冲击，引发了持续的高通胀，削弱了韩国产品的价格优势。1979、1980年出口和经济增长先后出现疲软。1979年朴正熙遇刺，韩国政治出现动荡。

1980年全斗焕上台后，在制定第5个五年计划时，提出宏观稳定政策和民间主导的增长模式。为了实现宏观稳定，政府接受IMF的建议，实施了财政和货币紧缩政策，M2增速由1975~1982年的35%下降到1983~1985年的20%。1982年政府开始追求财政平衡，削减财政支出，并取得了明显效果，1981年财政赤字占GDP比重4.3%，到1987年则实现财政盈余占GDP比重0.2%。

财政整顿与石油价格回落使CPI由1981年的20%下降到1983年的5%，此后通胀水平长期低于10%。财政整顿使得中央政府债务水平下降到较低水平，这为应对1997年金融危机奠定了基础。虽然部分地牺牲了增长和就业，但韩国财政整顿政策取得了较大进展。

但是，货币政策在稳定物价方面没有发挥有效作用，主要是因

为政府仍然直接控制信贷投放以及中央银行直接创造贷款。同时，1986~1988 年"三低"时期，韩国经常账户出现了顺差，为了保护出口竞争力，韩国推迟了币值调整，投机热钱流入导致了被动的国内货币投放。

2. 增加福利开支，但政府经济建设投资也大幅攀升

1987 年"民主化宣言"以后，政府公共支出快速上升，一般性财政支出占 GDP 比重从 1987 的 18% 上升到 2009 年的 30%。福利支出增长强劲，1977 年建立的国民健康保险只覆盖 500 家企业，但是到 1989 年则覆盖到所有人群。政府致力于提供住房供给，1990~2000 年家庭住房保障率从 72.4% 上升到 96.2%。除了福利支出，90 年代初用于道路、地铁、水利、供水等领域的经济建设支出大幅攀升。随着初高中升学率的提高，政府用于教育的支出也快速增长。

3. 推动金融自由化，但监管机制没有相应跟上

80 年代和 90 年代初，韩国金融自由化进展缓慢且很不平衡。企业负债率过高，因为担心利率上升而导致偿付压力，利率市场化进程被一再推迟，直到 1996~1997 年才完成。信贷控制广泛存在于重化工企业、中小企业、农业等部门。80 年代初掀起了一波商业银行私有化浪潮，但政府对商业银行的干预仍然存在，包括银行行长任命、信贷分配、资产管理等。

80 年代和 90 年代初，大量非银行金融机构涌现，这些机构所受管制较少。很多财阀控制了非银行金融机构，并游说政府进一步放松管制。因此，80 年代非银行金融机构快速发展。

　　由于非银行金融机构的发展，商业银行失去了大量的市场份额。政府开始允许商业银行通过信托账户经营信托业务。商业银行的信托账户快速发展，其占国内负债的份额由 1984 年的 5% 迅速上升至 1993 年的 40%。1993 年政府放开了商业票据市场利率，并允许商业银行的信托账户投资商业票据，投资上限也由信托账户资产总额的 40% 提高到 60%。这些改变使得商业票据市场快速发展。

　　在推动金融自由化的过程中，审慎监管机制却没有相应跟上，金融系统的风险不断增加。首先，快速扩张的商业票据市场和银行信托账户没有受到审慎监管。一般账户和信托账户的监管标准不一样，前者紧后者松。其次，监管标准过时，难以发现银行的问题，对非银行金融机构的监管标准在实践中甚至几乎没有。再次，不同的部门行使监督权力造成了职能重叠和混乱。最后，政府对金融基础设施建设重视不够。

　　4. 实施资本市场开放，货币错配与期限错配现象严重

　　政府在金融危机之前放开了企业贸易融资和银行短期海外借款，但是却推迟了其他方面资本流动的开放。90 年代中期，政府减少了对银行和非银行金融机构海外经营的约束，认为金融自由化不会影响国内宏观经济稳定，而且会有助于提高国内金融企业的国际竞争力。1994～1996 年，国内商业银行在海外开设了 28 家分支机构，海外借款大量流入国内以满足投资驱动的景气繁荣。由于对短期海外借款的限制大大少于长期借款，因此金融机构的短期海外借款迅速增长。

货币错配与期限错配不仅使得金融机构而且使得整个国家经济都面临巨大风险，而政府在此期间并没有加强必要的监管。金融危机前，韩国在金融自由化和资本市场开放的过程中，审慎监管机制建设一直滞后。银行监管院直到 1997 年 6 月才对商业银行提出外币流动性比率准则，财政部在危机前对非银行金融机构甚至没有建立相关监管准则。

总的来看，1997 年韩国金融危机主要是在增长阶段转换期，韩国内部结构调整不到位所致。由于对经济减速的必然性和增长动力转换的必要性认识不够，寄希望于通过扩大投资和负债继续维持高增长，导致结构调整进展迟缓。金融自由化缺乏统一规划和相应的监管机制跟进，提供了宽松的货币环境。对外开放的速度和顺序失策，加上政府隐性担保，导致企业对外负债快速攀升。实体经济传统产业的过剩产能不能退出，金融被迫加杠杆，低效投资和传统增长模式不可持续，最终不得不以金融危机的方式终结。

（二）金融危机后的财政、货币政策

1997 年东南亚金融危机沉重打击了韩国，韩国金融危机从外汇危机开始，引发了资本外逃，并爆发了企业财务危机和银行业危机，最终升级成全面的经济危机。为应对危机，金大中政府实施了宏观调控和结构改革。

1. 接受 IMF 建议，采取货币和财政紧缩政策，克服外汇危机

当时韩国最紧迫的是克服外汇危机。为了获得 550 亿美元救助资金，1997 年 12 月韩国政府与 IMF 签订了条件苛刻的协议，主要

内容包括：①1998 年经济增长率要恢复到 3%；②1998、1999 年两年的经常项目赤字要控制在国内生产总值的 1% 以内，或者缩小至 50 亿美元以下；③物价上涨率要控制在 5% 以内；④实施货币和财政紧缩政策，并增加税收；⑤进一步对外开放资本市场，允许外国人持股超过 50%；⑥加快金融改革和产业结构调整；⑦加紧进行企业整顿和结构改造；⑧解除外国人兼并国内企业的限制等。与历史上其他接受救援国抵触 IMF 条款不同，金大中政府选择了与 IMF 积极合作，认为这也是韩国改革的方向，主动彻底地履行了关于结构改革和资本自由化的协议内容。

1998 年 1 月韩国政府同国外债权人签订了短期外债转换为中长期外债的协定。同时，韩国政府积极引进外资，允许外国投资者收购、兼并国内企业，放宽了外国人购买国内土地的条件。

1998 年 7 月末，韩国外汇储备升至 393 亿美元，短期外债比例大幅减少。1998 年韩国出口快速反弹，经常账户出现盈余，经济增速由 1997 年的 -5.7% 回升至 1998 年的 10.7%。快速贬值的汇率趋于稳定，急升的国内利率开始下降。韩国外汇危机基本缓解，为全面开展企业、金融、政府和劳动力市场四大领域的结构改革创造了必要条件。

2. 推动金融部门改革

随着韩国外汇情况逐步稳定，政府工作的重点从确保外汇流动性转向恢复国内金融市场功能。金大中政府非常重视金融改革，改革的重点是尽快从危机中恢复金融机构正常融资功能，防止资金紧缩的恶性循环，同时加强金融制度建设，强化金融机构自律性，提高竞争力。主要措施包括：

首先，迅速整顿不良金融机构。

——尽快清理不良债权。根据韩国财政经济部和韩国开发研究院统计，1998 年 3 月末，韩国金融机构不良债权规模达 68 万亿韩元，正常融资功能基本丧失。韩国政府决定动用财政的力量，1998 年 5 月政府追加投入 50 万亿韩元（加上先期投入 14 万亿韩元，总计 64 以万亿韩元）公共资金以帮助金融机构调整。1999 年成立专门了韩国资产管理公司来购买和处置金融机构不良资产。

——进行银行结构调整。1998 年 4 月，金融监管委员会按照 BIS（国际清算银行）标准，让自有资本比率不足 8% 的 12 家银行制定实现经营正常化计划书。1998 年 6 月 29 日金融监督委员会决定将被判定为经营正常化可能性不大的 5 家银行（东华、东南、大同、京畿、忠清）关闭，将其资产、负债转交接管银行。而对被判定为可以恢复经营正常化的 7 家银行（朝兴、商业、韩一、外汇、平和、忠北、江原），要求实施大幅度重组管理层、扩大股权出售、合并、裁员、减少分支机构等自救措施，以实现经营正常化。韩国积极引进外资以改善银行资本结构，使处于困境的银行获得新生，同时引进外国的先进管理经验，全面提升韩国金融产业的经营水平。

——对第二金融圈进行结构调整。在韩国，除了银行以外的保险、证券、信托、投资等金融机构被称为"第二金融圈"。这些机构大多掌握在大企业财团手中，经常成为大企业为自己融资的工具而危及金融安全。改革第二金融圈的目的就是切断韩国大企业特别是五大财团对第二金融圈的控制，防止这些金融机构成为大企业的

"小银行"，使大企业集团的结构调整得以顺利进行。根据这一目的，韩国政府对非银行金融机构结构调整的基本原则是，分阶段强化小股东的权利，限制大企业在第二金融圈中持有的股份，在第二金融圈中引进"独立董事制度"。并且建立监督委员会，实行综合财务报告书制度，对经营不利的负责人进行财产检查的同时，要求其赔偿损失。而对于经营不善的非银行金融机构，也同银行改革一样限期整顿，无法恢复正常的机构果断处理。

其次，改革金融机构的经营机制，开放国内金融市场。韩国把提高金融产业竞争力和效率列为重要课题，努力使金融机构成为自主经营、自负盈亏的盈利实体，同时，提高其贷款审查能力，改革财会制度和公告制度，提高经营透明度。为了使金融机构彻底以盈利为经营目的，韩国政府将对金融机构的政策从事前管制转为事后监督体制，使金融机构发放贷款和退出市场完全自由化，贯彻自我生存原则。

再次，建立独立统一的金融监管机构，提高金融体系的安全性。金融危机后，韩国大力调整货币政策机构，于 1997 年 12 月修改了韩国银行法，使韩国银行独立、自律地执行货币政策，强化了金融货币委员会的独立性。于 1998 年 4 月将过去分散执行监督职能的财政经济部、银行监管院、证券监管院统一由金融监管委员会和金融监管院管理，完成了对金融监管机构的合并，最终确立了金融监管部门的独立性和统一性。

最后，培育资本市场。韩国此次金融危机的直接原因是金融机构不良债权的积累，而这又是由于韩国资本市场不健全，企业过分依赖银行贷款所致。韩国政府一方面责令银行调整结构，化解不良债权，一方面积极发展资本市场，通过培育长期稳定的机构投资者促使证券市场健康发展，通过国债市场激活债券市场，并努力将股票场外市场（KOSDAQ）确立为中小风险企业的资金市场，使金融市场均衡发展。

从总体上看，通过政府资金的注入，有助于迅速稳定金融和恢复经济，从而提高了韩国的国际信誉。韩国纳税人付出的代价尽管沉重，但收益也很明显。金融部门改革被认为是韩国四大部门改革中最彻底最有效的改革，恢复了正常融资功能，为企业、政府和劳动力市场部门改革创造了宏观稳定环境。

（三）金融危机后的政策效果

金融危机后，韩国政府克服了外汇危机，实现了全面而彻底的结构改革，为走向持续健康发展奠定了制度基础。1999 年韩国经济增速由上年的 -5.3% 反弹至 9.5%。2001 年 8 月 23 日，韩国政府还清了最后一笔紧急救济借款，摆脱了 IMF 经济托管体制。9 月 15 日，外汇储备超过 1000 亿美元，成为继日本、中国等之后的第五大外汇储备国。

与此同时，韩国金融、企业、政府、劳动四大部门结构调整取得重大进展。金融机构不良债务被清理，正常的融资功能得以恢复，避免了信用环境继续恶化。金融机构股权和治理结构得到改善，独立统一的监管机制建立起来。企业负债率大幅下降，经营主业更加突出，财务结构和治理结构大幅改善，政企间"大马不死"的道德风险解除。小而高效的服务型政府逐步建立，简政放权、压缩预算、国企私营化等取得实质性进展。劳动力市场变得更具弹性，社会安全网更加完善。贸易自由化、投资自由化和资本自由化全面推进，对外开放上升到新的高度。科技创新能力增强，一大批新兴产业快速成长，产业结构不断优化升级。

二、日本在增长阶段转换期的财政、货币政策

20 世纪 70 年代初，随着追赶潜力基本释放完毕，日本开始了增长阶段的转换。同时，还叠加了第一次石油危机的冲击，以及布雷顿森林体系崩溃的挑战。总体来看，日本成功实现了增长阶段转换，这归功于两方面因素：一是高速增长时期奠定的制度和产业竞争力基础。日本高速增长期形成的许多体制安排，在日本发挥了长期的影响，在日本经济由高速增长向中速增长过渡的过程中，也没有发生根本性改变。从制度层面，支撑日本实现高速增长和增长阶段顺利转换的，是一套把企业作为实验室的制度安排，包括终身雇佣、年功序列工资和企业工会制度，以及大企业和小企业之间的系列安排，企业和主银行之间形成的有利于长期战略目标的稳定关系。这些制度安排有助于企业积累技能，特别是有利于企业积累无法编码、但对生产率有着重要促进作用的知识。二是面对第一次石油危机冲击和通胀高企，日本政府迅速放弃了原先指望宽松货币政策刺激经济的计划，迅速转向偏紧的货币政策，通过抑制物价、工资和资产泡沫来保持国际竞争力，同时采取鼓励企业资本积累和加速折旧的减税政策。

（一）高速增长期的财政、货币政策及其继承

1. 鼓励资本积累的低税率和加速折旧政策

美国占领当局对日本财税体制进行了以公平为核心的改革，日本政府很快进行了修订。"夏普建议被精心设计的以产业优惠为核心的税制取代。这种税制是以产业合理化为宗旨，以特别折旧为主要手段，偏向大企业的加速资本积累的税制。"具体包括这样一些内容。第一，允许设立多种准备金、专用基金，且享受免税待遇。第二，重要设备加速折旧。1951 年修改后的《租税特别措施法》允许特定的机械设备和船用机械，在取得之后前三年内折旧 50%，之后该政策适用范围进一步扩大。1952 年颁布的《企业合理化促进法》允许 32 个行业的 300 多种重要设备允许在取得的第一年折旧 50%。加速折旧制度对企业的优惠力度，不逊于甚至高于英国、德国等国家同期的情形。日本纤维、机械制造、造纸、化学和钢铁业从该政策中受益很大。第三，对重要的进口设备免除进口税。第四，1950 ~ 1955 年日本还进行过三次企业资产价值重估，重估后企业资产账面价值大大增加，折旧也就相应大幅度提高，企业享受到更大的减税优惠。同时，企业资产价值重估之后可用于抵押的资产额度上升，可以获得更多的贷款。第五，实行了独特的"财政投融资"措施。财政投融资的性质又不同于一般的商业融资，一般而言，贷款的期限长、利率低，且投向上根据不同发展阶段的政策重点，向特定的产业和基础设施进行大量投资。

日本的财税体制成为日本高速增长的重要动力。日本企业部门

在储蓄中站支配性地位。具体来讲，折旧占总储蓄的 1/3 左右，这是加速折旧政策起到的刺激效果；公司利润形式形成的储蓄也占到总储蓄的 13% 左右。折旧和公司储蓄两者加起来，占到总储蓄的 45%。而政府储蓄虽然在高速增长初期占到总储蓄的 25%，但后来在高速增长时期基本上不超过 20%。大量的国内储蓄，使得日本可以在不依赖国外储蓄来源的情况下，实现快速的物质资本积累。日本物质资本积累的重要特点是私营部门和制造业部门的资本存量快速增长。1955～1965 年所有私有企业资本存量平均年增长 10.3%，1965～1975 年平均年增长 12.1%。

2. 依国际收支状况而实施的较为从紧的货币政策

日本 1949 年就实行了 1 美元兑 360 日元的固定汇率制度。在 20 世纪 70 年代之前，日本具有国际竞争力的产业经过了一个由轻工业向重化学工业逐步升级的过程。汽车、机械、电气产品、钢铁等，到 20 世纪 60 年代后期乃至 70 年代早期，才在日本出口结构中占据一半以上的份额；而在 20 世纪 60 年代中期之前，日本主要出口品是纤维和其他非重化工业产品。这些纤维和非重化工产品能够获得的外汇收入比较有限。而日本需要进口大量原材料和先进设备。而为了维持固定汇率制度，日本又不能出现较大的国际收支赤字。因此，日本在 20 世纪 60 年代中期以前宏观经济管理政策的明显的线索是，一旦国际收支赤字扩大趋势比较明显，就在国内采取紧缩性的金融政策，主要包括提高短期利率和日本央行对商业央行的窗口指导等措施。由于日本企业对银行融资依赖性极强，所以这些金融政策可以很快奏效。等国际收支赤字压力缩小后，重新放松金融政策。这种政策被称为"国际收支差额上限"或"停停走走政策"（stop – go policy）。

（二）增长阶段转换期的财政、货币政策

日本 20 世纪 60 年代末到 70 年代初，由于缺乏对增长阶段和增长动力转换的充分认识，曾试图通过宽松性货币财政政策刺激经济，结果收效甚微，最终在国内外环境作用下，走上了有利于结构调整的正确道路。

1. 高速增长后期曾为应对私人部门设备投资乏力而对扩张性政策抱有过高期望

20 世纪 60 年代中期之前，企业积极争取银行贷款进行设备投资，扩大产能、更新设备，这种情况下，每当经济景气不振时，只需要降低利率就可以促进贷款，带动景气回升。但到 60 年代中期之后，企业普遍认为设备过剩，所以，降低利率的政策无法有效刺激景气回升。于是政府便通过发行国债的办法，增加政府支出。这个时期日本政府制定了扩大基础设施投资的计划。如，1969 年日本内阁决定实施新的全国综合开发计划；田中角荣于 1972 年发表了《日本列岛改造论》。尽管日本列岛改造论因为后来的通货膨胀而被放弃，但在其实施的时段内，被寄予了带动增长的期望。

2. 高速增长后期为应对布雷顿森林体系崩溃的冲击采取了宽松的货币政策

1971 年布雷顿森林体系崩溃后，为了维持日元的固定汇率，面对日元升值的压力，必然增加日元基础货币的投放。事实上，在 20

世纪60年代后半期日本高速增长时期，随着国际收支持续盈余，日元升值压力已经在逐步累积，当时已经在持续增加日元投放。而60年代末和70年代初，面对西欧一些国家或货币升值，或维持固定汇率未果而转为浮动汇率的情形，日本更担心汇率升值或转为浮动汇率对日本经济的冲击，为此，以更大的力度实施扩张性政策。日本银行在1970年10月~1972年6月六次降低贴现率，由6.25%降低到4.25%。当然，为了降低贸易和国际收支盈余，缓解日元升值压力，日本还采取了降低关税、扩大进口、增加对外官方援助等抵消性措施。

3. 增长阶段转换开始后转向紧缩性政策

刚进入20世纪70年代时实施的财政和货币扩张政策，蓄积了通货膨胀压力。1972年春世界性天气异常导致的谷物减产引发了初级产品价格暴涨，1973年又爆发石油危机，这些因素导致日本国内通胀加剧。由于对增长阶段转换没有系统的认识，在应对通货膨胀时，采取了过度紧缩的措施。1973年四次提高存款准备金率；五次提高央行贴现率，由4.25%提高到9%；同时，政府公共工程和政府支出项目多次延期。1974年再次提高存款准备金率，延期进行公共工程和政府支出项目。1973~1974年存款准备金率累积增加了5倍。这样，增长阶段转换带来的经济下行和紧缩措施带来的下行相叠加，导致了比较严重的萧条。当增长阶段转换带来的长期趋势更加明显之后，1975年政策取向又发生转变，实施了多次反衰退计划，央行四次降低贴现率，由9%降低到6.5%；并降低存款准备金率。

（三）日本两次结构调整的正反两方面经验

日本在20世纪70和80年代分别经历了两次结构调整，这两次结构调整效果相差极大，70年代的结构调整取得了巨大成功，80年代的结构调整之后则陷入了失去的二十年。这两次结构调整的政策方向也反差明显，值得深思。

日本在20世纪70年代，随着农村可转移剩余劳动力的大幅减少，耐用消费品的广泛普及，支撑经济高速增长的基础条件发生变化。1973年第一次石油危机爆发，由于严重依赖外部资源、产业结构偏重，日本经济受到较大冲击，相对于欧美国家更加积极地进行调整。日本采取了紧缩性的货币政策，抑制了物价、工资和资产价格上涨，企业在调整产能、压缩成本、节约能源、技术创新等方面取得积极进展。70年代日本主导产业由高速增长期的钢铁、造船、石化等重化工业升级至中低速增长期的汽车、电子、精密仪器、机械等高端制造业。当第二次石油危机爆发时，对日本而言便成为重大机遇，日本产品在80年代畅销世界，甚至占领了美国市场。

1985年广场协议之后，日本为了缓解日元升值的影响，采取了货币财政双宽松的政策，引发了严重的资产泡沫，企业投机行为盛行。最终泡沫在90年代初破裂，日本在20世纪90年代错过了全球信息化的增长浪潮，陷入失去的二十年。

三、追赶型经济体成功进行结构调整的政策共性

追赶型经济体结构调整成功不是偶然现象，也不是某一项政策的结果，而是一系列政策措施和制度改革综合作用的必然产物。如果对照20世纪70年代日本、80年代中国台湾、90年代韩国的结构调整经验，可以发现其政策组合具有一些共性，"政策包"的三大支柱是：以中性偏紧的货币政策和平衡性的财政政策为主的宏观政策，以放开管制和减税为主的供给政策，以金融安全网和社会安全网为主的托底政策。其中，中性货币创造环境，供给改革提升效率，安全网保障稳定。当前我国政府提出"宏观政策要稳，微观政策要活，社会政策要托底"的政策组合，跟成功追赶经济体实现增长阶段转换的政策组合是一致的，关键在于攻坚克难、实质推进。

（一）中性偏紧的货币政策

增长阶段转换期面临的主要是结构性减速而不是周期性放缓，出路在于结构调整而不是需求刺激。货币政策的主要任务是为结构调整创造环境，而不简单是进行短期需求管理。货币政策应以稳定物价为首要目标，增强政策制定和执行的独立性，如果过多关注增长和就业，容易回到需求刺激的老路上。中性偏紧的货币政策有利于抑制通胀和资产泡沫，降低社会综合成本，增强国家竞争力；有利于为企业压缩成本、提高管理水平、进行技术创新提供压力和动力，增强长期增长潜力。反之，宽松的货币政策会推高资产泡沫，

由于进行创新的周期长、难度大、不确定性强，企业容易选择房地产投机。而资产泡沫本身并不提高全要素生产率，将造成资源错配，削弱国家竞争力和长期增长潜力。

（二）平衡性的财政政策

中性偏紧的货币政策需要平衡性的财政政策配合，防止转向投资刺激而延缓经济转型。由于转型方向和创新的不确定性，要优化财政支出结构，压缩经常性和投资性支出，对小微企业、企业创新投入、设备投资等实施减税，更多地让市场找出路。

（三）放开服务业准入

工业化后期，增长和就业越来越依靠服务业。需要大幅度提高服务业的生产率，而提高生产率最有效的方式就是增强市场竞争。应大幅度放开能够快速提升全要素生产率的服务行业，重点是金融、通信、科研、交通运输、文化教育等。

（四）建立金融安全网和社会安全网

转型期不可避免地将出现失业和财政金融风险。需要建立存款保险制度，加强风险监管，实现市场自律。完善失业保险，减少改革的成本和阻力。

执笔：任泽平

第五章
影响财政、货币政策目标选择的因素

　　财政政策与货币政策是国家进行宏观调控最重要的手段，党的十八届三中全会明确提出要健全以国家发展战略和规划为导向、以财政政策和货币政策为主要手段的宏观调控体系，推进宏观调控目标制定和政策手段运用机制化，加强财政政策、货币政策与产业、价格等政策手段协调配合，提高相机抉择水平，增强宏观调控前瞻性、针对性、协同性。

　　宏观调控通常有四大目标，即经济增长、充分就业、通货膨胀和国际收支。由于经济增长与充分就业具有一定的关联，而物价稳定与国际收支平衡的关系十分紧密，因此为分析方便起见，我们在此将宏观调控的主要目标简化为经济增长和物价稳定两项。

一、财政、货币政策的目标应当从点到区间

　　经济增长和物价稳定对应具体的政策目标为经济增长率目标值和居民消费价格涨幅目标值，如果只设定一个具体的数值，一旦经

济形势变化超出预期，当初设定的目标变得不一定合适时，仍旧追求原定目标，就会对经济形成过度干预，不利于市场决定作用的正常发挥。设定目标值还容易导致频繁调节，不利于引导各方面把工作重点放在提高质量和效益上。

虽然有时经济增速会放缓，但只要还在可控区间范围内，政府就不需要改变宏观调控政策，更不必频繁地进行干预。可以设定一个目标区间，横坐标表示经济增长速度，设一个上限、一个下限；纵坐标表示通货膨胀，设一个上限、一个下限，于是就形成了一个长方形区间（如图5.1所示）。只要预期经济走势，即经济增长和通货膨胀的交集点，在这个区间里面，宏观政策就不必进行大幅调控，当预测到这个交集点有可能会落在区间以外时，才需要财政或货币政策出手干预，这样就可以尽量减少宏观调控的频率和力度，做到宏观调控最小化。

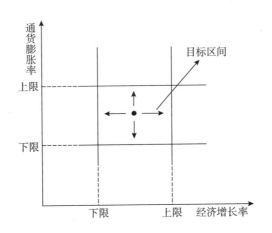

图5.1　财政、货币政策目标区间

经济增长目标区间的制定应以潜在经济增长率为衡量基准。潜在经济增长率的测算方法主要有消除趋势法、增长率推算法和生产函数法等①。可以根据不同的测算方法取出一个增长率的大致区间，并配合 IMF、OECD 和世界银行等组织对经济增长率的预测，给出一个合理区间。例如根据当前对中国经济潜在增长率的测算②，并配合 IMF 等对中国经济增长率的预测③，以及中国目前处于转型时期经济波动程度较大的客观现实，可以初步设定当前中国经济增长率的合理区间为 6% ~ 8.5%。

有研究认为，通货膨胀率不能低于 1%，否则就会出现通货紧缩。对于目标通货膨胀率的测算，既可以通过潜在物价指数法④，也可以从社会福利的角度建立宏观经济 DSGE 模型。根据当前的测算⑤，中国的通胀水平从短期看 3% 左右的通胀目标可能是适当的，而美联储和日本央行都将长期通胀目标设为 2%，但在我国目标定得过于严格有可能无法有效吸收国内外冲击⑥，所以可以选择适度的通货膨胀目标区间，初步可设定为 2% ~ 4%。

这样做的好处在于：首先，能够减少宏观调控的频率和力度，以便让市场发挥决定性作用，从而使得企业能够自主地对未来做出预期，自主调整生产决策；第二，能够避免短期应急措施常态化，避免使原本在大危机时不得已而使用的"心肺复苏机"变成"心脏起搏器"。

---

① 郭庆旺，贾俊雪："中国潜在产出与产出缺口的估算"，《经济研究》2004 年第 5 期。

② 王琢卓，李玉双："中国潜在产出测算与宏观经济政策选择"，《求索》2013 年第 9 期。

③ IMF 最新一期的《世界经济展望报告》预测中国经济增长率为 7.5%，世界银行最新一期《全球经济展望报告》预测为 7.7%，OECD 为 8.2%。

④ 见卞志村："泰勒规则的实践问题及在中国的检验"，《金融研究》2006 年第 8 期。

⑤ 殷波："中国经济的最优通货膨胀"，《经济学（季刊）》2011 年第 10 卷第 3 期。

⑥ 卞志村，孙俊："中国货币政策目标制的选择——基于开放经济体的实证"，《国际金融研究》2011 年 8 期。

二、影响政策目标确定的主要因素

（一）经济周期

经济周期是决定财政、货币政策目标的最主要因素。在经济周期的不同阶段，政策目标应当有所不同。一般情况下，经济状况经过衰退→复苏→过热→滞胀后，再次返回到衰退阶段，循环往复，便完成了不同阶段的转换过程。

相应地，宏观调控要在不同的阶段采取适应其经济状况的财政、货币政策，经济处于不同的阶段时应制定与经济状况相适应的政策目标区间，每个周期的上下限也不尽相同。首先，在低增长、低通胀的衰退期，应以保增长的政策目标为主，相应调低经济增长率和通货膨胀率的目标区间下限，通过采取宽松的财政货币政策，促使经济增长率回升，使经济状况向高增长、低通胀的复苏期过渡。

其次，在高增长、低通胀的复苏阶段，应适当调高经济增长率的目标区间并维持稳定的通货膨胀目标区间，以加强公众对经济复苏的预期，使经济稳健回升。

再次，随着经济增长率上升通货膨胀率也开始上升，经济状况向高增长、高通胀的过热阶段转变，过热阶段的政策目标应以防止通货膨胀为主，相应设定合理的通货膨胀区间和稳定的经济增长率区间，避免通货膨胀对经济产生不良影响。

最后，由于政府在过热阶段往往采取紧缩政策，使经济增长率率先下降，而通胀下降往往会有一段滞后期，经济状况就会进入低增长、高通胀的滞胀阶段，总需求管理的政策通常情况下发挥的作用有限，在设定政策目标时，还应考虑到结构性因素对经济增长和通货膨胀的影响，调低经济增长率的区间和设定合理的通胀区间，以避免宏观经济政策加剧经济的结构性扭曲，造成未来经济更大的波动。

通常情况下，通货膨胀率是经济增长率的滞后指标。中国也不例外，每当经济增长率上升，过一段时间通货膨胀率也会随之上升；反之每当经济增长率下降，过一段时间通货膨胀率也会随之下降。因此运用财政货币政策进行调控时，应从整个经济周期关注经济增长，把握通货膨胀的长期走势，设定政策目标的合理区间。例如在经济衰退期的需求刺激政策可以在短期内使经济复苏，但如果持续下去可能带来滞胀风险。从这个角度出发，当前设定的经济增长率与通货膨胀率的目标值可能并不适用于其他阶段的经济状况。只有对经济周期有准确的了解和掌握，才能够制定合理的政策目标区间，避免宏观经济的剧烈波动。

（二）发展趋势

在考虑发展趋势因素时，需要跳出周期因素的局限，注意到增长阶段转换带来的趋势性作用。比如说，当潜在增长率下降，经济增长从高速、超高速转变为中速或中高速时，宏观调控就不能仍然沿用惯性思维——为了力推经济增长而过多地进行财政注资或注入过多货币，否则不仅不会使实际增长率达到所期望的水平，相反还会使通货膨胀的速度比经济增长速度上来得更快，结果导致严重的通货膨胀。

　　在短期，总需求能够影响一国生产的物品和劳务的数量；而在长期，总产出最终会回复到其自然水平，这一产出水平取决于自然失业率、资本存量和技术的状态。中国经济增长在 2008 年全球金融危机的冲击下开始减速，2009 年用 4 万亿投资、10 万亿贷款，把 GDP 增长率拉到 8% 以上，但是只维持了不到一年，经济增速就开始连续 5 个季度下降。这说明中国经济的这次减速并不完全是周期性的，而且具有趋势性因素。

　　中国经济在经历了三十多年的高速增长以后，人口、资源和环境对经济增长的约束越来越明显，生产率提高速度放缓，体制问题等各种结构性因素叠加。主要表现在投资回报率不断降低，甚至根本没有回报，国家资产负债表杠杆化率的持续攀升。而在出口不力、消费不振的情况下，要维持经济增长，最终还要依靠投资，而现阶段下中国在土地和自然资源、劳动和资本等方面的投入都已不可持续。这说明中国经济的潜在增长率下降，中国已经进入由高速增长向中速增长的转换期。

　　因此，在制定宏观调控目标时，应准确把握这一长期性趋势。在充分理解目前经济所处阶段和长期趋势的情况下，制定一个合理的政策目标区间，使之与经济的潜在增长率相协调。既不能把目标定得太高，依靠各级地方政府的增长冲动人为地推高增长速度；又要制定一个合理的下限，避免长期趋势与短期因素叠加，造成经济的过快回落。

　　另外，财政货币政策目标要密切跟踪分析国际国内经济环境各方面出现的各种苗头性、倾向性、趋势性变化，加强预研和预测，增强调控的针对性、灵活性、前瞻性，及时进行财政货币政策目标的调整，并采取必要应对措施进行微调。只有这样才能够有效保证在稳定的基础上实现发展，在"两难"问题面前求得突破。

未来一段时期，经济增长的复杂性和不确定性将更趋强化。一方面，欧债危机效果外溢，全球经济增长预期不断被调低，将加剧对我国出口的负面影响；另一方面，国家持续深入地治理整顿地方政府融资平台，调控房地产市场，加大节能减排力度，也会引起经济增长速度的适度回调。在经济转型和内外部多重压力凸显的背景下，下一阶段财政货币政策在坚守"防通胀"目标的同时，还需要更多地着力于缩小经济波动的频率和振幅，以确保经济在平稳增长的基础上实现顺利转型。

（三）外部冲击

在开放经济条件下，一国制定宏观调控目标时还应充分考虑到国际因素的影响。外贸出口是拉动我国经济增长的重要因素，但近些年来我国的出口形势已经不容乐观，除了金融危机和欧债危机的影响外，还与我国出口产品竞争力不强、国内制造成本上升等因素有关，在制定宏观调控目标时应充分考虑到这些因素的影响。

从我国目前面临的外部冲击情况来看，随着我国国际资本流动倾向的逐步增加与资本流动管制的渐进放松，国际资本对我国经济的影响能力会逐渐提高，这就要求我国在制定宏观调控目标时还应密切关注主要发达国家的财政货币政策走向和目标，根据对国际资本规模和流动方向的判断调整宏观调控目标区间；同时，我国外汇储备的逐年增加带来了巨大的通货膨胀压力，因此在制定宏观调控目标时应充分考虑到国际上的不确定因素，相应调整宏观调控目标区间，使经济运行在合理的范围内。

在考虑外部冲击因素时，尤其是在遇到像国际金融危机这样"百年一遇"的突发事件时，经济运行面临滑出合理运行区间的风险，因此临时采取一些非常规化的刺激手段不仅是可以理解的，也是必需的。但需要注意的是，刺激手段只是为了暂时避免当前经济急剧地下滑，如果经济运行已经到衰退阶段，过度的刺激也并不能使经济保持繁荣时期的增长，在这种情况下刺激政策应及时退出，千万不要把"心肺复苏机"变成了"心脏起搏器"，把非常规的应急措施变成了常态化的制度安排。

（四）结构因素

中国经济结构面临的主要问题有：产业结构（第三产业发展过慢）；增长动力结构（内外需不平衡、要素投入结构不合理）和区域结构等。正是因为存在着一系列的结构问题，并且处于结构剧变的过程中，因此，在制定宏观调控目标时必须将结构性因素考虑进来。

长期以来，中国宏观调控中往往面临着这样的两难选择，是为了保持较快的增长速度而牺牲结构调整的目标，还是为了未来增长的协调、可持续而宁愿容忍较低的经济增速。中长期的宏观经济政策如果一直放在总需求管理上，增长的基本格局不变，那么经济的持续增长可能会乏力；此时，如果宏观经济政策转向以推动结构转换、消除供给约束的供给调节政策，则中国经济仍能保持中长期中高速增长。为了保证经济顺利进行结构性转型，不能按照以往的高增长标准来制定政策目标，中国政府应确定一个相对较低的宏观调控目标区间。

以往，一方面，由总量扩张所造成的经济过热成为中国宏观经济运行的常态，这是和中国处在工业化、城市化快速发展阶段，以及几年上一个台阶的 GDP 赶超有较大关系，而背后则是国有企业、地方政府、国有银行，乃至宏观调控当局的内在扩张冲动。另一方面，鉴于过热是常态，宏观调控的主要任务就是收缩。但是，考虑到不同区域产业等的结构性特征很明显，收缩就不应当是一刀切，而应是有针对性，有保有压，有扶有控，从而呈现结构性调控（或收缩）的特点。总体而言，总量扩张与结构收缩都应在合理的范围和区间内，在制定政策目标时可适当放宽这个区间，给经济的结构性调整以足够的空间。现阶段的经济增长区间如果为 7% ~ 8.5%，在经济进行结构性调整时可相应放宽到 6% ~ 8%，只要经济运行在合理区间内，就不必采取过多措施来干预经济的运行。

要形成科学合理的宏观调控政策框架，针对经济走势的不同情况，设定合理的政策目标区间，在经济增长和通货膨胀的合理区间内调整经济结构。把调结构、促改革与稳增长、保就业以及控通胀、防风险的政策有机结合起来。采取的措施要一举多得，既稳增长又调结构，既利当前又利长远，避免经济大起大落。

另外，由于发达国家市场体系相对完善，同质化程度较高且处在相对均衡的增长路径上，而我国作为发展中国家市场机制还不发达，结构处于急剧变动时期，异质性很强以及非均衡的增长，就使得宏观调控政策的基础有着很大的不同。相应地，宏观调控思路与政策实践模式也会有明显差异。因此，在未来宏观调控中还应突出供给面的结构与效率的优化，从优化投资结构入手，推进价格和财税改革，提供有利于利用市场机制进行结构调整的激励机制。对于结构调整，财政政策相对于货币政策有更多优势。财政政策通过转移支付、财政补贴等支出政策工具，差别税率和税收减免等收入政策工具，就能够更为直接地协调地区差距和收入差距等。

执笔：魏加宁 谭聪

第六章
不同情境下财政、货币政策的协调配合

一、财政、货币政策协调配合的结合点

财政政策和货币政策既各自具有一定的独立性，又有着相互的关联性。两者实施主体不同，分工各有侧重点，具有进行密切协调和紧密配合的必要性。

有时，单独实施财政政策或货币政策，并不能很好地实现宏观调控目标，而通过综合协调财政政策与货币政策，使财政政策和货币政策相互配合，可以提高政府对宏观经济运行的调控水平。货币政策通过调控货币供应量和利率水平来调节宏观经济的运行。但有时单纯依靠货币政策调控经济总量往往不能达到宏观调控的目标，而通过政府投资、转移支付、发行国债等财政政策的配合，就能较好实现宏观经济总量目标。

财政政策和货币政策的目标并不完全一致，从长期来看，财政政策主要以经济增长为目标，货币政策主要以物价稳定为目

标，这可能会造成政策之间的冲突。如果不断地通过财政支出和财政投融资刺激经济增长，也可能造成通胀高企。因此在实践中应根据经济运行的具体情况和优先目标进行政策权衡，通过财政政策和货币政策之间的互动来进行二者的协调配合，共同维护经济的稳定运行。

财政政策和货币政策进行协调配合的主要结合点往往是国债、政府存款、外汇储备和财政投融资体系，并通过中央银行和政府部门的资产负债表来建立联系。

（一）公开市场操作中的国债

国债发行是财政为弥补其赤字进行融资的行为（如图6.1所示），中央银行直接从一级市场购买国债相当于是财政部从央行透支或贷款，相应会造成货币的增发，而购买的国债在央行资产负债表上对应的是对政府债权。政府使用其购买物资，支付工资等，使相等量的货币进入市场流通。另外，由于中央银行的公开市场业务以金融机构为交易对方，买卖的标的是国债，所以在货币当局的资产负债表中，这将表现为资产项下"对政府债权"的增加以及负债项下"储备货币（金融性公司存款）"的增加。

国债市场对中央银行货币政策操作的意义还体现在：国债利率期限结构能反映利率的长期变化；国债作为零风险金融资产，可以作为金融资产定价的基准。

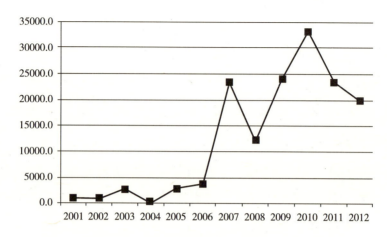

图 6.1　2001～2012 年财政部发行国债的规模（单位：亿元）

资料来源：根据《中国统计年鉴》的数据整理。

（二）财政盈余

财政盈余看起来是财政问题，但财政盈余放在哪里却与货币政策息息相关。如果放在中央银行就相当于收紧流动性，如果放在商业银行就相当于投放流动性。因此，财政、货币当局之间应加强协调。财政"花钱"时应该事先告知货币当局，避免重复投放流动性；而货币当局制定货币政策时，也应充分考虑到财政盈余的影响，与财政当局定期进行沟通。

由于我国财政预算的制度性问题，使得我国政府在中央银行的存款持续增加，规模庞大，且季节性波动明显。由图 6.2 可以看出，央行持有政府存款的规模不断上升，现已达到 2.8 万亿左右。

央行当月持有政府存款相对上月减少，则为向市场投放流动性。由图 6.3 可以看出政府存款的季节波动性非常大，这主要是因为大量的财政支出都集中在季末和年底，2013 年 12 月的政府存款支出超过 1.3 万亿元，相当于在年末集中向市场投放了 1.3 万亿的流动性，这种波动对中央银行的流动性管理形成了不小的挑战，也给市场造成了不稳定因素。

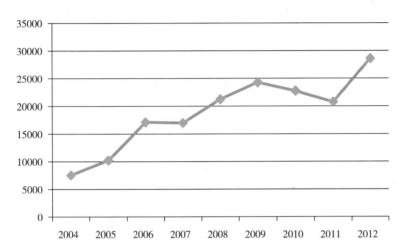

图 6.2　2004～2013 年年末央行持有政府存款的规模（单位：亿元）

资料来源：根据中国人民银行网站发布的货币当局资产负债表为基础整理。

图 6.3　2013 年 1～12 月央行持有政府存款的月度变化（单位：亿元）

资料来源：根据中国人民银行网站发布的货币当局资产负债表为基础整理。

2013 年政府存款不断上升直到 12 月才出现较大幅度下降，主要是受中央八项规定的影响，但如此庞大的政府存款规模却给市场带来了非常大的不确定性。财政和货币当局的沟通不畅，加大了这种不确定造成的影响。

在短期这需要央行配合运用短期流动性调节工具来调节市场流动性，而长期仍然需要使用央票"锁长放短"。

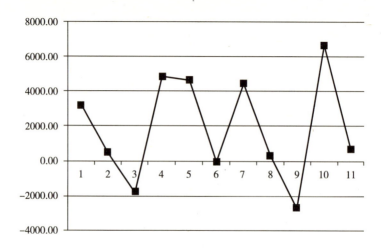

图 6.4　2013 年 1～11 月央行持有政府存款的月变化（单位：亿元）

资料来源：根据中国人民银行网站发布的货币当局资产负债表为基础整理。

（三）外汇储备

我国中央银行为维持汇率稳定，不得不在市场上购买外汇，这实际上也是发行货币的过程，而其中给市场投入过多的流动性只能通过发行中央银行票据来收回，最终外汇储备和央行票据分别成为中央银行的资产和负债。

为稳定汇率而购买外汇，在很多国家都是财政部的职责，但在我国，这个职责是由央行承担的。外汇储备反映在资产负债表上并不仅仅是资产方增加了，同样还会引起负债方相同比例地增加。如果财政部并没有发行相应负债而使用外汇储备资产就会造成货币的二次发钞。因此中央汇金公司拿外汇储备注资国有商业银行的行为相当于货币的二次发钞，商业银行再以该资本金为基础在市场上发放贷款，形成乘数放大则是货币的再次发钞。

（四）　财政投融资体系

　　财政投融资体系是我国财政与货币政策的一个非常重要的结合点，包括中央政府投资、地方政府投资以及地方政府投融资平台的投融资行为。由于我国的特殊国情，财政投融资体系影响的投融资规模巨大，并配套以长期国债的运用创造了巨大的派生货币。

　　2007年美国次贷危机以来，我国实施积极的财政政策，启动了大规模投资计划，并为此发行了大量国债；特别是加大了对基础设施建设的投入，以刺激经济增长。财政投融资规模的急剧扩张，需要商业银行通过不断扩张资产负债表进行配套贷款，将资金大量投入基础设施项目以带动全社会投资，从而创造了更多的派生货币，导致央行资产负债表急剧膨胀，给物价稳定造成了潜在的巨大压力，使央行维护物价稳定的能力受限。图6.5中的政府投资规模虽然没有包括地方融资平台的投资，但仍然规模巨大，特别是2008年以后规模急剧增长，2012年已达2万亿元。

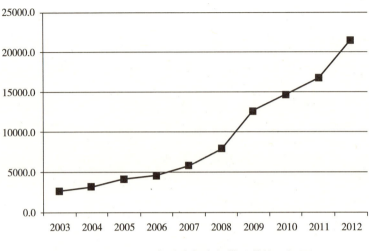

图 6.5　2003～2012 年政府投资规模（单位：亿元）

资料来源：根据中国统计年鉴的数据为基础整理。

　　财政投融资体系还会对社会融资成本产生一定程度的影响，这是由于我国商业银行将大部分金融资源用于对政府投资的金融支持，而这部分的融资利率一般很低，从而"挤出效应"使得社会融资成本增加，使央行利率政策的有效性大打折扣。

二、经济周期与财政、货币政策组合

　　综合运用财政和货币政策调控经济总量，是实现经济总量平衡的最优手段。根据 IS－LM 宏观平衡原理和相机抉择理论，通过综合协调并配合使用财政政策与货币政策，可以提高政府对宏观经济运行的调控水平。

　　政府和中央银行可以根据具体情况和不同目标，选择不同的政策组合。财政政策和货币政策的组合产生的政策效应如表6.1、图6.6所示。

表6.1　　　　　　　　财政政策和货币政策组合的政策效应

适用经济周期阶段	经济增长率与通货膨胀率	财政、货币政策组合	政策组合对产出的影响	政策组合对利率的影响
复苏阶段	高增长、低通胀	紧缩性财政政策加扩张性货币政策	不确定	下降
过热阶段	高增长、高通胀	紧缩性财政政策加紧缩性货币政策	减少	不确定
滞胀阶段	低增长、高通胀	扩张性财政政策加紧缩性货币政策	不确定	上升
衰退阶段	低增长、低通胀	扩张性财政政策加扩张性货币政策	增加	不确定

当经济处于"复苏"阶段时，经济运行平稳而又存在通货膨胀时，紧财政松货币是促进经济平稳快速增长的政策选择。此时经济中出现通货膨胀又不太严重，可以采用紧缩性财政政策压缩总需求，同时用扩张性货币政策以降低利率，以免政策过度紧缩而引起衰退。

当经济处于"过热"阶段时，社会总需求大大超过社会总供给，经济面临较大的通货膨胀压力。这时需要采取紧缩的财政和货币政策，此时政府首先会采取紧缩性货币政策减少货币供应量，从而降低总需求水平，但紧缩货币也会导致利率大幅提高。同时紧缩财政，便能防止利率过分提高，不致造成经济的剧烈波动。

当经济处于通货膨胀和经济萧条并存的"滞胀"阶段时，产业结构和产品结构失衡，治理滞胀、刺激经济增长成为首要目标。如果此时经济萧条不太严重，可以采用扩张性财政政策刺激总需求，实施减税和增加财政支出，利用财政杠杆调节产业结构和产品结构；同时用紧缩性货币政策使利率上升，最终达到不影响产出但又能抑制通货膨胀的目标。

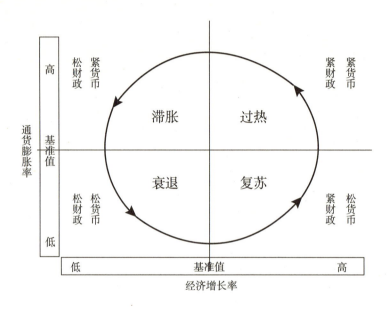

图6.6 经济周期与财政货币政策组合

经济处于衰退期时，在社会有效需求严重不足，经济萧条，工厂停产工人失业的情况下，财政、货币政策的选择应力求使经济走出低谷，政府可以采用扩张性财政政策增加总需求，但伴随着总需求增加的同时，利率的提高会导致对私人消费和投资的"挤出效应"，此时应配合扩张性货币政策，可以有效克服扩张性财政政策的这一弊端，并能使得总需求进一步增加。在"低增长、低通胀"的"衰退期"通过采取宽松政策，使经济增长率上升，经济状况向"高增长、低通胀"的"复苏期"过渡。

三、发展趋势变化与财政、货币政策组合

改革开放以来，我国的经济经历了二三十年的高速增长。目前，人口、资源和环境对我国经济增长的约束越来越明显。尤其是从人口结构的变化来看，我国"人口红利"消失已经成为共识，总量上的就业压力不是很大，但结构性的就业压力也就是大学生就业难的问题特别突出。从理论上推断，我国的潜在经济增长率明显降低，已经进入由高速增长向中速增长的转换期。

经济增长阶段转换，在增长速度减缓的客观条件下，更要求增长质量的提高和经济效益、社会效益和环境效益的全面提升。在增长阶段转换的过程中，宏观调控的目标有以下几点。

一要防止经济出现人为过热。我们长期习惯于高速增长的经济环境，短期内难以接受增速的趋势性下滑，容易出现不顾潜在增长率下降的事实，试图通过政策刺激使经济回到高增长的轨道，结果不但不能恢复高增长，反而容易推高通胀和资产价格，形成泡沫经济，引发更大的风险。

二要防止经济硬着陆。当前，世界经济复苏乏力，外需增幅下降，贸易、投资和技术保护主义抬头，国内"人口红利"逐渐消失，资源环境约束不断加大，生产成本持续上升，保持经济平稳增长面临巨大困难。进入增长阶段转换期后，由于原有预期被打破，新的稳定预期尚未形成，经济运行的不确定性和脆弱性明显增加，经济出现硬着陆的风险明显增大。我们应当在努力稳定和扩大外需

的同时，着力扩大内需，充分发挥消费对拉动经济增长的基础性作用和投资的关键性作用，保持经济适度增长，避免经济增速滑出底线。

三要努力实现增长阶段转换的平滑过渡。经济增长阶段转换，不仅涉及经济问题，还涉及一系列其他问题。我们既要采取必要措施，防止经济陡降和剧烈波动，引发经济失衡和社会动荡；又要做好各方面的适应性调整，及时化解各种矛盾，努力实现经济增长阶段转换的平滑过渡，保持经济、社会和政治的基本稳定。

四要努力实现发展方式的实质性转变。经济增长阶段转换，增速虽然下台阶，但对经济增长的质量和效益则提出了更高的要求，这样才能成功跨越"中等收入陷阱"。我们应不失时机地深化各方面的改革，特别是下决心推进重要领域和关键环节的改革，加快制度创新，充分释放制度红利，真正形成支撑科学发展的体制机制，同时大力推动技术创新，全面提升劳动者素质，努力实现由要素驱动向效率驱动、创新驱动的转换，推进发展方式的实质性转变，全面提升经济增长的质量和效益。

四、外部冲击与财政、货币政策组合

（一）应对外部危机冲击的财政货币政策

1. 应对亚洲金融危机

当年应对亚洲金融危机时，通过积极财政政策拉动内需。增发

1000 亿元长期国债，所筹资金用作国家预算内的基础设施建设专项投资，中央财政赤字由年初预算的 460 亿元扩大到 960 亿元。

提高出口退税率鼓励出口，拉动外需。国家先后数次调高部分商品的出口退税率，使平均出口退税率提高到 15% 左右。对大部分机电产品和高科技产品实行出口零税率，有力地推动了外贸出口。

受危机的冲击，1998～2002 年我国面临通缩压力，为此实施了稳健的货币政策，试图实现"增加信贷和货币供应，扩大社会需求，促进经济增长"的目标，总的货币政策趋向实际上是稳健中略显宽松。

2. 应对美国金融危机和欧债危机

为应对美国次贷危机与欧债危机，我国宏观调控政策再次做出了重大调整，实行了积极的财政政策，在两年多时间内安排了 4 万亿元资金强力启动内需，促进经济稳定增长。同时，配合实施适度宽松的货币政策，这是我国 10 多年来货币政策中首次使用"宽松"的说法。适当宽松的货币政策意在增加货币供给，在继续稳定价格总水平的同时，努力在促进经济增长方面发挥更加积极的作用。

（二）国际资本流动影响货币政策

在浮动汇率制度下，资本流动不会引起储备货币的波动，因为汇率的变动抵消了资本流动对储备货币的影响。在固定汇率制度下，央行动用储备货币维持汇率的稳定，从而为资本流动对储备货币的影响架起了桥梁。

虽然我国的汇率制度已经明确为"有管理的浮动汇率制度"，

但从实际执行来看，却是管理有余而浮动不足，央行实际上承担着稳定汇率的任务，这使得我国央行不得不被动地随着资本流动调整储备货币来维持汇率的稳定，并进而影响基础货币的投放，使我国货币当局在相当程度上丧失了货币政策的独立性。

货币供应量上升带来物价上涨的压力。为了冲销过多的货币供应量，央行需要在公开市场上进行对冲操作。在国债市场广度与深度不够的条件下，不得不发行大量央行票据并为此承担票据发行成本和利息成本。商业银行也因不断购入低息的央行票据而降低了投资收益率。

随着我国资本流动管制的渐进放松，国际资本流动对流动性管理的影响将逐步减弱。然而，国际资本流动使货币政策的传导机制日趋复杂，增加了货币政策操作的不确定性。在资本流动迅速和日趋自由化的条件下，货币政策通过利率变动影响投资、进而影响产出水平的传递机制，会被因资本的趋利性引起的资本流动效应所削弱甚至抵消。例如，当国内需要紧缩而提高利率时，短期资本流入反而扩大了货币供应量。当需要放松货币而降低利率时，短期资本流出而减少了货币供应量。国际资本流动不仅抵消了货币政策的积极效果，还将对国际收支平衡，特别是资本账户的平衡带来冲击。这就使得中央银行在选择中介目标、制定货币政策方面面临更大的难度。

五、结构调整与财政、货币政策组合

传统的宏观经济学理论认为，宏观经济政策的内涵，主要是通过财政、货币政策影响社会总供求，从而熨平短期经济波动，即强调宏观经济政策的总量性。但是，这种宏观调控模式的前提条件是整个经济社会中的收入分配与资源配置出于较为理想的状态。然而，现实经济中，宏观经济的失衡往往是由于中观、微观层面的经济失衡所致。所谓中观，是指政府与非政府部门之间、产业之间、地区之间的资源配置和收入分配状况；所谓微观，是指企业之间、个人之间的资源配置和收入分配。

作为仍处于改革开放进程中的经济体，我国距离这种理想的状态还比较远。经济中的中观、微观失衡主要表现为：个人之间、地区之间收入差距过大导致全社会消费需求不足；在总需求结构方面，内需与外需之间、投资与消费之间的失衡影响社会总需求的持续增长。在国民收入中政府部门支配的资源比重过大，影响非政府部门的投资消费能力和要素供给的积极性；产业结构失调，导致社会总供给结构失衡而影响经济增长。

因此，与市场机制发育较为成熟、制度较健全的发达市场经济国家不同，我国政府的宏观调控，既要注重供求总量的平衡，更要注重社会经济结构的协调，意在弥补因市场机制不健全和制度供给短缺所造成的市场自动调节经济结构能力过低的缺陷。财政政策，无论是调整税收还是调整支出，都是既具有总量调控功能又具有结构调整的效应，因而是政府在经济结构调控中的重要宏观政策工具。

（一）政府部门与非政府部门的协调

我国政府部门支配的资金，除了一般公共预算中的税收与非税收入，还有基金预算收入（其中最重要的是土地出让金）、社保收入、国有企业红利上缴收入以及部分的债务收入。在国民收入既定的前提下，由政府部门支配的资金比例过高，无疑会影响企业、个人的投资和消费能力，同时也会对他们的要素（劳动、资本）供给产生极大的反激励效应。

党的十八届三中全会提出，要使市场在资源配置中起决定性作用。在此种政策导向下，经济的可持续增长不能长期依赖政府的高投入，而是要通过税制改革、清费正税来减轻企业与个人的税费负担，从而保持微观经济主体的投资、消费需求与要素供给的积极性。

（二） 内需与外需的协调

在长期的追求 GDP 增长速度的政策导向下，出口退税、给外商投资超国民的税收和土地待遇，以及基本钉住美元的汇率体制共同发挥作用，结果导致我国国际收支平衡表中的"双顺差"。

协调内需与外需，要求财政政策与货币政策共同发挥作用。政策措施并不是以刻意压制出口与外商直接投资（FDI）为目标，而是要以市场化为指导思想，令国有资本、外商投资企业、国内民间资本都平等地享有国民待遇。

在货币政策方面主要是改革汇率体制，以更加市场化的方式令人民币汇率体现真实价值。在财政政策方面，主要是减少以身份区别的税收优惠政策和土地使用政策，改变扭曲的要素价格。

（三）投资需求与消费需求的协调

追求经济增长的导向，导致我国 GDP 年年高速增长，而大多数普通百姓的生活水平并未显著提高，这是财政政策亟须解决的问题。因为从理论上讲，老百姓的消费需求一是取决于个人可支配收入水平，二是边际消费倾向，此二者均受财政政策影响。

首先，个人可支配收入水平直接与个人所得税政策相关，个税免征额的提高，税率级次的减少和税率水平的降低，都将增加个人可支配收入，提高居民的实际消费能力。其次，政府提供公共物品和社会保障的完善程度会影响个人边际消费倾向，教育、医疗等越完善，越能减少居民的谨慎性储蓄需求。

协调投资与消费，货币政策也大有可为。因为投资是为了增加未来的消费，投资与消费的关系，本质上就是即期消费与未来消费的关系，权衡和协调两者关系的经济因素是（实际）利率水平。为达到适当增加消费、降低投资的目标，货币政策的目标应当是控制通胀、维持合理的利率水平。

（四）地区间经济发展的协调

在市场经济体制下，投资的最大主体是企业而非政府，虽然西部大开发战略已经执行了 13 年，但并未也不可能扭转我国东、西部的投资格局。

从各地区人口密度不均衡的特点看，地区协调发展，不能以总量而应以人均水平来衡量。与市场经济相适应的缩小地区间经济发展差异的财政政策措施，一是扩大对西部的纵向转移支付，保证基本公共服务的均等化。二是扩大横向转移支付，一方面可以建立一个标准化公式，超过平均水平的发达地区给低于平均水平的贫困地区一个定向的横向转移支付；另一方面，是建立利益相关者之间的横向转移支付，也就是所谓生态补偿机制。三是发挥财政"四两拨千斤"的杠杆作用，通过税收优惠和财政补贴等利益诱导，鼓励非政府部门的资源投向西部。

执笔：魏加宁　唐滔　谭聪

第七章
关于加强财政、货币政策协调配合的政策建议

目前，我国宏观经济面临四大挑战：首先，从经济增长与通货膨胀两个指标来看，表现出一定的经济周期中的阶段"滞胀"特征。其次，地区差距、城乡差距以及产业结构失衡、收入分配恶化、总需求结构失衡等结构性失衡问题日益制约着经济的持续健康发展。第三，以潜在增长率下降为标志的增长阶段转换已成为共识，我国已从高速增长转入中高速增长。最后，2008 年以来国际金融危机、欧债危机冲击的影响尚未完全消退，全球经济复苏过程缓慢，外需增长乏力。

为实现十八大确定的 2020 年经济目标，必须处理好改革、增长与稳定的关系，必须协调财政货币政策发挥好宏观调控的作用。

一、财政、货币政策协调配合的必要性

（一）政策目标不一致

经济增长、物价稳定、充分就业与国际收支平衡是宏观经济政

策的四大目标。财政政策和货币政策是理论上公认的宏观调控两大政策手段。然而，财政政策的目标侧重于增加产出和提高就业，货币政策的目标以稳定物价为目标。为维护货币政策独立性，通常两大政策工具分属两个政策当局。因此，为优化宏观调控的效果发挥得更好，财政货币政策协调非常有必要。

（二）政策间相互影响

首先，财政政策和货币政策不可能完全独立，两者共同受到一个统一跨时政府预算方程约束。如果财政政策导致财政赤字无法持续，最终势必迫使中央银行通过发行货币为财政赤字融资。

其次，即使中央银行具有完全的独立性，仍然无法确保中央银行能实施稳定价格的货币政策。货币政策决定一段时期内通货膨胀率的平均水平，而财政政策则决定了通货膨胀率的波动性，在既定的货币政策下财政政策可以决定通货膨胀的时间路径。

第三，通过政府资产负债表与央行资产负债表这一渠道，财政货币政策也可相互影响。在 21 世纪初处理四大国有银行坏账过程中，由于没有国家资产负债表的概念，国家以外汇注资形式补充国有银行资本，实际上相当于二次结汇，成为货币超发的一个因素。

二、财政、货币政策协调配合的可行性

从实际操作来看，财政货币政策协调存在多个接口。

第一，国债是公开市场操作的基础。虽然我国国债市场规模尚

不能满足央行公开市场操作的需要，但如果将央票视为广义的国债，现在在对冲外汇占款带来的流动性扩张中发挥了重要作用。

第二，国库现金管理（政府盈余）也是财政货币政策协调的重要接口。由于财政支出进度不均衡，决算与预算存在脱节现象，财政年度与"两会"会期不一致等因素影响，目前我国国库库底余额高达4万亿元。根据《预算法》，我国的国库经理职责归属中央银行，国库资金进出实际上也将产生影响流动性的效应。

第三，我国的财政投融资体系也是财政货币政策协调的重要一环。财政投融资与地方政府债务高度相关，货币政策能有效影响地方政府的投融资能力，因而在财政风险防范中具有重要作用。

三、财政、货币政策协调配合应遵循的原则

（一）政策效应的协调

财政货币政策协调需注意政策效应的搭配，也就是需要考虑政策效应的方向、力度与时效性。经验表明，扩张性财政政策的刺激作用更直接，相对于财政政策调节宏观经济的直接性和针对性优点。与财政政策相比，货币政策的刺激作用更缓慢，但具有政策空间更大、决策时滞更短两大优势。

（二）需求管理与供给改善相协调

在经济周期的不同区间，应当采取不同的政策组合。在增速下滑、通胀上升的"滞胀"情形下，应当更偏重改善供给；在产能过

剩、需求不足的衰退情形中，主要应采用扩大需求的政策。

（三）政策规则与相机抉择相协调

财政货币政策在短期需求管理中可以采取"相机抉择"，但从中长期来说要有规则。成熟市场经济国家的货币政策长期实施盯住通胀目标的"单一规则"，将维护物价稳定作为资深最重要的职责。虽然现在很多国家的货币政策偏政府管制，但是在中长期也有规划。像美联储实施多轮 QE（量化宽松），但是达到一定规模以后，还是要退出 QE，提高利率。财政政策最重要的规则是"跨期预算平衡规则"，将长期与短期统一起来。

（四）总量调节和结构调节相协调

在全面深化经济体制改革的新阶段，每个政策都是既有总量也有结构，两者并不可决然割裂。虽然货币政策偏总量，但是结构也要管；财政政策偏结构，但是整体支出情况对经济也很重要。

（五）常规政策与非常规政策相协调

长期以来，西方发达经济体以通胀水平为货币政策调控变量，但是，在本轮危机中，美、日等国在超低利率起不到经济刺激作用的情形下，采用了"量化宽松"这样直接干预货币供应量的非常规政策。

四、当前优化我国财政、货币政策
协调配合的政策建议

（一）政策目标区间化，宏观调控最小化

受到"人口红利"消失等结构性因素影响，我国长期的高速经济增长目前已经到了增长转换阶段。因此，经济增长目标可以从高速转为中高速，即使经济增长速度与历史水平相比稍低，也应当将之视为经济发展规律的体现。

同时，由于财政政策追求的是经济增长，而货币政策追求的是物价稳定，故而财政货币政策协调配合的目标应当是"宏观调控目标区间"而不是盯住某一个数值点，否则容易导致宏观政策的调节频率和力度超调。只要经济增长和通货膨胀等宏观经济指标处于目标区间内，一般即可视为经济运行正常，无须实施收紧或放松等财政货币政策干预，交给市场自主调节即可。只有当宏观经济走势有可能脱离这一区间时，才要么动用财政政策——如果是经济增长出了问题；要么动用货币政策——如果是物价稳定出了问题。

实行宏观调控目标区间化的最大好处是有利于扩大政策回旋余地，可以尽量减少财政、货币政策干预的额频率和力度，从而让市场在资源配置中更好地发挥决定性作用。

（二）根据周期、趋势、外部冲击三大因素搭配两大政策

在选择政策组合时，通常应考虑三大因素，即经济周期，发展趋势以及外部冲击的影响。

首先，经济周期有四个阶段，在各阶段理想的松紧组合不同。

第一，在经济复苏阶段（温和增长、低通胀），应该实行"紧财政、松货币"的政策组合，以实现经济稳健增长；

第二，在经济过热阶段（高增长、高通胀），应该实行"双紧政策"，以抑制经济过热和高通货膨胀；

第三；在"滞胀"阶段（低增长、高通胀），应该实行"紧货币、松财政"的政策组合，以便在抑制高通胀过程中防止经济过快下滑；

第四，在经济陷入衰退的阶段（低增长、低通胀），应该实行"双松政策"，以刺激经济早日复苏。

其次，在考虑发展趋势因素时，需要跳出周期因素的局限，注意到增长阶段转换带来的趋势性作用。比如，当潜在增长率下降，经济增长阶段从高速、超高速转变为中速或中高速时，宏观调控就不可仍然沿用惯性思维——为了力推经济增长而过多地进行财政注资或投放过多货币，否则，不仅不会使实际增长率达到理想水平，相反，还会使通货膨胀以比经济增长更快的速度上来，结果导致更严重的通货膨胀。

再次，在考虑外部冲击因素时，尤其是在遇到像此次国际金融危机这样"百年一遇"的突发事件时，临时采取一些非常规的刺激手段不仅是可以理解的，也是必需的。但需要注意的是，刺激政策要及时退出，千万不能把"复苏机"变成了"起搏器"，把非常规的应急措施变成了常态化的制度安排。

（三）财政货币政策应从"裁量型"向"规则型"转变

尽管我国有时宣布实行"宽松的"财政政策或货币政策，有时宣称实行"从紧的"财政政策或货币政策，但在研究中我们却发现，其实很难有量化指标可以用来判断政策的松紧力度。比如，与国际主流做法相比，我国的预算管理尚不能反映政府全部的收支活动。一般来讲应该是反映财政政策取向与财政风险的赤字、国债等主要指标，并不能真实反映财政政策的取向与政策力度。

迄今为止，我国财政货币政策大都是以相机抉择为主，属于"裁量型"而缺乏应有的规则约束，其结果往往会导致财政规模不断膨胀，货币供给不断超发。因此，从中期来看，无论是财政政策还是货币政策，都应当从目前的"裁量型"逐渐转变为"规则型"，也就是说，确立基本规则比随机应变更加重要。

最重要的财政政策规则是必须遵守"黄金规则"（Golden Fiscal Rule，GFR），即允许政府发行公债为公共物质资本投资进行融资，但必须保持经常性预算的平衡。这个规则的主要目的是强调将政府的经常性支出与资本性支出严格区分开来，避免财政通过隐性担保来为公共物质资本投融资，从而避免危及金融体系，同时保证财政资金的安全。

最重要的货币政策规则有两类：一是不可调节的工具规则，即按照固定不变的方式进行操作，如"弗里德曼规则"（Friedman）；另一类是可以调节的工具规则，包括以货币为基础的"麦克勒姆规则"（McMallum）和以利率为基础的"泰勒规则"（Taylor）。

（四）做实货币政策委员会，设立财政政策委员会

由于财政政策目标与货币政策目标归属不同的部门负责，财政政策的优先目标与货币政策的优先目标存在不一致的地方。目前，我国的财政货币政策还存在互不配合甚至相互冲突的地方。因此，必须尽快改变这一现状，使二者向"协调型"转变。为此，需尽快完善决策机制，一方面，要"做实"货币政策委员会，把货币政策委员会从目前的咨询议事机构变为真正的决策机构；另一方面，要建立类似于货币政策委员会的"财政政策委员会"，作为财政政策的决策机构；在组成人员上，不但有各经济职能部门的成员，还要吸收专家学者进入，并且两个机构的部分成员应实行交叉任职，以加强二者之间的信息共享和协调配合。另外，在决策机制上，采用匿名投票模式。

在两个机构建立和完善之后，财政、货币政策的委托代理关系就更加清晰了：财政政策的委托方是"财政政策委员会"，代理方是财政部；而货币政策的委托方是"货币政策委员会"，代理方是人民银行。

为了防范委托代理关系中出现的道德风险，就必须加强信息披露，并建立激励约束兼容机制。有国外学者最近提出，应当将财政货币政策代理人的工资奖金与其所执行的政策目标挂钩，并以此作为激励。不过，这虽然符合经济激励的原理，但对于高层次领导而言，政治提升的激励可能比经济激励更重要。

（五）协调三大政策接口，加强两者协调配合

财政货币政策之间主要由三大接口：一是财政盈余，二是外汇储备，三是公开市场操作中的国债。

首先，财政盈余看起来是财政问题，但放在哪里却与货币政策息息相关。如果放在中央银行就等于收紧流动性；如果放在商业银行就等于投放流动性，因此，财政货币当局之间要加强协调。

2013 年底出现的第二次"钱荒"，实际上就是由于中央银行无法准确把握财政系统年底突击花钱的传统现象在遇到新的八项规定影响之后会产生什么样的不确定性，因此无法适时提供足够的流动性，从而凸显财政货币政策加强协调配合的紧迫性。

其次，外汇储备看起来是货币问题，其实与财政密切相关。当年，动用外汇储备给国有银行注资，一方面是由于缺乏部门资产负债表的概念，错用外储资产做资本；另一方面也是由于中央银行在负责国有银行改革过程中协调不了财政部门就只好"自掏腰包"，但结果却等于二次发钞，导致货币超发。

在我国，外汇管理职责是放在中央银行，但在英国、日本、加拿大等国，外汇管理职责确实放在财政部。而美国、韩国等国是由财政部和央行共管。

外汇管理职责放在哪里，不仅意味着维护汇率稳定的职责在哪里，而且意味着维护汇率稳定的成本由谁来支付。如果由财政部门负责汇率稳定，财政部门就会根据自己的财政实力量力而行，而不会一味地干预汇率目标的设定，因而不仅有了成本观念，而且有了约束机制。但是，如果由中央银行来负责汇率稳定，那么央行就只

能依靠投放外汇占款来大量购汇，不仅容易给人造成稳定汇率无须成本的假象，而且全部压力也都集中在了央行身上，因而缺乏约束机制。由此可见，将外汇储备管理及汇率稳定职能从人民银行转移至财政部门可能更加合理。

最后，关于公开市场操作。国际经验表明，国债通常是公开市场操作的主要对象，但是除日本外，主要发达国家都禁止中央银行从财政部门直接购买国债。在我国，用于公开市场操作的除了国债外，还有相当规模的央票。虽然央票可以使央行在政策工具上多出一些自主选择，但却减少了与财政政策之间的协调配合。因此，建议增加国债品种和数量，逐步替代现在的央票。

执笔：魏加宁　唐滔

专题报告一
发达国家"宽货币、紧财政"政策成因及对我国的影响

　　2008 年全球金融危机以来，主要发达国家的宏观调控经历了两个阶段。一是 2009～2010 年，"宽财政 + 宽货币"的组合。危机爆发后，美国和欧洲大部分经济体大举增加政府支出，作为内外需大幅萎缩的缓冲。二是 2011 年以来，"紧财政 + 宽货币"的组合。由于长期以来欧美国家政府债务不断增加，金融危机之后的救市措施导致政府债务压力加大，再加上主要面向大型金融企业的救助措施受到社会舆论批评等原因，宽松财政政策逐渐退出。同时，在政府去杠杆化过程中，实行宽松的货币政策来托底。2013 年下半年以来，美国又开始调整过于宽松的货币政策。总的来看，过去三年欧洲主权债务危机和美国财政扯皮不仅轮流成为影响全球资本市场的主题，也成为扰动经济，影响居民和企业预期的主要变量。本报告综述以美国和欧盟为代表的发达国家"宽货币、紧财政"政策的形成以及对我国经济的影响和启示。

一、"宽货币、紧财政"政策的形成

（一）从长期看，80 年代以来自由主义取向改革导致的金融危机，对实行宽松货币政策和紧缩财政政策提出客观要求

这次金融危机的形成，可以溯源至 20 世纪 70 年代初。当时，以两次石油危机为导火线，整个资本主义世界陷入了"滞胀"（高通胀、高失业、低经济增长）的困境，在这种背景下，各国普遍实行了自由主义取向的经济改革，主张自由市场和不受限制的资本流动，减少政府支出、缩小政府规模、金融自由化等。80 年代新自由主义改革的代表人物是美国的里根、英国的撒切尔和苏联的戈尔巴乔夫。这一改革带来两个方面的后果：一方面，西方国家因此得以减轻当时的政府支出，促进经济全球化进程，获得高速发展。但另一方面，出现了市场过度投机、社会保障水平降低、收入差距扩大的问题。同时，在这一阶段美国进行军备扩张，鼓励超前消费，造成美国持续的贸易逆差、财政赤字，最终引起了 2008 年的国际金融危机。前世界银行首席经济学家、2001 年经济学诺奖得主斯蒂格利茨认为，金融危机启示人们，市场并不是像我们想象的那样非常高效的调节，监管的放松不会带来好处，人们的贪婪影响了市场正常发挥作用，金融创新往往造成了风险。金融衍生工具置于政府监管之外迅速膨胀，金融体系客观上成为剥夺中产和劳工阶级的工具，导致 80 年代以来美国的基尼系数持续上升，社会保障费用高涨，虽然企业和政府对社会保障的投入不断增加，但是保障水平和

保障面不断缩小。2008 年金融危机前，美国最富裕 1% 的人占有了 65% 以上的国民收入，2010 年 1% 的人占有了政府挽救危机支出的 93%，美国贫富分化达到了近一个世纪最严峻的时期。这样，一旦遇到金融体系泡沫破裂，危机就会首先转嫁给中低收入阶层。政府为了弥补有效需求的不足，需要短期内出台刺激性财政政策（2010 年之前），以回应社会的呼吁，稳定形势。但是，由于保守派右翼不可能允许政府长期依靠税收刺激经济，不断对政府施加减税压力，政府不得不通过发债和宽松的货币政策维持支出①，这就形成了 2010 年之后"宽货币、紧财政"的格局，这是美国利用其军事和货币霸权将其国内的结构性矛盾向国际经济转移的一种表现。

（二）紧缩财政政策是保守派右翼要求缩减公共支出以维护自身利益的诉求的反映

二战之后，各国普遍接受了凯恩斯主义的经济理念，强调发挥政府在经济增长中的作用，兴办国有经济，完善社会政策，提高社会保障水平。美国于 20 世纪 30 年代建立了社会保障制度，60 年代肯尼迪、约翰逊等总统实行"伟大社会"计划，通过了数百项涉及民权、税收、教育、医疗、就业、养老、住宅、环保、地方建设的法案，在妇女解放运动、黑人运动的压力下，也出台了一些消除种族、肤色、宗教歧视的政策。到 1969 年，美国政府的福利开支已经上升到 1271.49 亿美元，占国民生产总值的

---

① 参见陈平："金融危机与欧美经济模式"，载《新财经》2009 年第 2 期。

14.1%。欧洲国家从 50 年代起普遍建立了社会福利制度。但 20 世纪 80 年代起，随着保守派右翼掌握话语权，实行了以自由化和减税为特点的改革。在财政政策上，右翼的主张是，追求累退性减税，减少政府在社会保障网和公共投资上的支出，另一方面支持增加国防支出以及对公司的补贴。保守派政客提出减少社保、医保等支出或将其私有化的方案，因引发了强有力的政治反弹使其无法实行，反而由于保障体系过度市场化、商业化，保险成本不断提高，政府骑虎难下，不得不从税收之外寻求解决办法。这些特征共同导致不断上涨的赤字成为右翼模式的结构性特征。这次金融危机之后，美国爆发了围绕财政紧缩问题的斗争。右翼保守派要求通过公共部门紧缩开支来消除赤字，削减教育、医保、基础设施和技术研发等重要公共投资领域的支出，同时要求为富有家庭和公司实行巨额减税措施，奥巴马政府努力推行的增加公共支出、实行社会保障改革等措施一再受到抵制。民主党提出温和的紧缩计划，而共和党为了摧毁新政体系则要求严苛的财政紧缩。两党均提出累退性减税计划，这会导致赤字增加进而向财政紧缩进一步施压[①]。由此，不得不实行宽货币、紧财政的措施，一方面满足右翼的要求，另一方面维持社会底层的基本福利稳定，避免出现社会动荡。

[①] 参见詹姆斯·克罗蒂"财政紧缩：赤字危机的根源"，载《经济社会体制比较》2011 年第 5 期。

（三）宽松货币政策是美国利用美元霸权向其他国家转移矛盾的手段

为挽救金融体系并刺激经济增长与就业，美联储相继于 2009 年 5 月、2010 年 11 月、2012 年 9 月和 2012 年 12 月推出四轮量化宽松措施。之所以实行宽松的货币政策，既有传统货币政策难以奏效的原因，也有美国利用美元霸权体系向其他国家转移矛盾的原因。由于美元享有超主权货币的特权，美国政府才可以实施大规模赤字财政，通过超发货币稀释美国政府债务，向全球征收铸币税，从世界各国聚敛财富，从而转嫁危机损失。据估计，2008 年以来，美国铸币税收入每年至少达 6000 亿美元以上。如果算上美元贬值引起的美国政府债务冲销与外债贬值，以及出口竞争力的增强，美国的收益更是高得惊人①。

对于欧洲来说，除了没有货币霸权地位之外，实行"宽货币、紧财政"政策的原因同美国类似。欧洲比美国更早进入福利社会，20 世纪 80 年代以来，同美国相呼应，也进行了自由主义取向的改革。但是由于欧洲社会福利更加完善、社会运动的传统更加悠久，所以欧洲民众对削减福利的抵制更加激烈，一些国家在减税的压力下不得不借债维持福利，致使部分国家债务危机比美国还要严重。

---

① 参见廖国民等："美国货币政策转向及其背后的逻辑"，载《上海金融》2013 年第 3 期。

二、欧美国家财政和货币政策近期的演变

2014 财年，美国财政政策有所宽松。2014 财年美国财政预算收入为 3.03 万亿美元，其中，收入税占 46%，社会保险、医疗保险以及工资税占 34%，企业税只有 11%，消费税、关税和其他税收占 9%。根据预算报告，2014 财年美国财政预算支出 3.78 万亿美元，占 GDP 的比重为 22.4%，略低于 2013 财年。预算支出包括强制性支出和自主性支出两部分。强制性支出是由国会各项法案法定的支出。2014 财年强制性财政支出约 2.3 万亿美元，占总支出的 61%。自主性支出被削减至 1.242 万亿美元，占财政总支出的 39%，主要由政府开支构成，其中大约 50% 为国防支出，下降为 6180 亿美元。其他各部门预算支出总额有所增加：卫生与公共服务部支出增加至 783 亿美元；教育部支出增加至 712 亿美元；住房与城市发展部支出减少至 331 亿美元；司法部支出减少至 163 亿美元[①]。

美联储温和启动退出 QE 进程。美联储已宣布将从 2014 年 1 月起缩减 QE 规模，但同时强化了长期保持宽松的承诺，表示"削减"并不等于"收紧"。如果经济如预期持续改善，美联储将在 2014 年的 8 次会议上持续削减购债；但如果经济表现不如预期，则

---

① 参见郝洁："2013 年美国宏观经济政策的调整与走向"，载《中国经贸导刊》2013 年 8 月上。

可能"跳过1－2次会议";而如果经济增长超预期,削减步伐会"更快一点"。这意味着QE的完全终结可能要到2014年4季度,该节奏慢于此前的预期(2014年2～3季度),期间美联储的资产负债表和基础货币规模仍将继续扩大①。

欧洲央行很难像美英日央行一样激进宽松。在美联储发送出放缓宽松的信号后,欧洲央行反复强调,一旦有需要,将随时准备采取新的宽松措施。欧洲央行已在11月降息至历史新低0.25%,并表示未来仍有宽松空间,融资换贷款型的长期再融资操作(LTRO)乃至负隔夜存款利率都在考虑范围内。从趋势来看,鸽派的灵活立场正在欧洲央行的政策中得到更多体现,预计宽松政策至少持续到2015年。但要注意的是,以德国为代表的鹰派强硬立场并不会大幅削弱,加上欧洲经济开始出现复苏迹象,欧洲央行很难像美英日央行一样采取激进的QE措施。

三、"宽货币、紧财政"政策对我国经济的
影响及对策

(一) 发达国家财政货币政策对我国影响的渠道

中国是美国的第二大贸易国和最大的债权国,同欧洲国家也有密切的经济关系,欧洲和美国等发达国家的财政货币政策对我国影

---

① 参见吴海珊:"美联储换届在即,退出QE或提速",载《经济观察报》网2014年1月18日。

响有多重渠道，包括影响产出、物价、贸易收支等实体经济变量和利率、货币供应量、汇率、资产价格等金融变量。对于各种那种渠道的影响为主，则有不同的看法。有的学者认为以贸易渠道为主，主要影响贸易顺差。有的认为以金融渠道为主，导致大宗商品价格上涨和热钱流入，导致新兴市场货币被动升值、资产价格飙升、通胀风险加大、外汇储备资产大幅贬值。有学者综述了美国量化宽松政策效应对他国的传导机制①，参见表1。

表1	美国量化宽松传导机制
国际贸易传导机制	第一，进口环节产生的一般价格传导。当美国国内与国际食品、能源等价格受到刺激，一方面，他国进口以食品为代表的最终消费品，直接提高了CPI水平；另一方面，能源、矿产等原材料的进口急剧提升他国企业中间产品与制成品价格，并通过支柱产业的传导和扩散最终导致国内通胀
	第二，进出口需求结构改变的作用。从"总供给－总需求"传递方式看，当美国与国际市场物价上涨，尚未发生通胀的他国产品就相对便宜，这会刺激对他国商品的出口需求。同时，他国对国外进口商品的需求减少，增加对国内此类商品或替代商品的需求，对国内商品的总需求增加引致国内商品价格上涨
	第三，贸易收支与国际储备作用下的货币投放。美国作为全球影响力最大的贸易逆差国，其贸易国每年都会获取巨额美元外汇。高储备国家的外汇占款成为基础货币投放的重要渠道
	第四，经济增长的传导与反馈。经济的对外开放使得贸易国之间存在着经常性、相互的通胀转移。根据开放条件下的宏观经济理论，美国采取货币扩张政策，必然降低利率，增加本国投资与产出，本国收入的增长会增加从他国的进口，带动他国的出口和产出的增长，产生推动他国通胀的压力。当他国经济进入上升通道，进口增加，又促使美国出口、产出增加和通胀的进一步升温，如此反复

---

① 来源：何琦："美国货币政策对全球通胀的影响机制与对策"，载《经济导刊》2011年第9期。

续表

国际资本传导机制	第一，国际游资抬高物价。美国奉行的低利率政策推动美元贬值预期，大量资本流入他国股票市场寻求庇护。新兴国家股票市场的非常规上涨造成经济繁荣假象，刺激他国消费、投资进而推升通胀。同时，游资纷纷转向大宗商品期货市场寻找获利机会，资本持有者集中对某些商品炒作，迅速抬高期货价格。国际市场商品期货价格上涨直接带动国内期货价格上涨，并拉动国内现货市场产品价格，使他国通胀居高不下
	第二，他国为保持外贸优势或防止游资冲击被动投放货币。在美国的宽松货币政策背景下，美元的贬值使其国内商品获取一定的价格优势。欧盟、英国、日本等经济体为阻止自身外贸优势的丧失，纷纷效仿美国的宽松货币政策，降低利率，保持汇率平稳。此外，韩国、巴西等国为消除国际游资对其拥有较高利率的国内市场的冲击，亦追随美欧等地区的宽松货币政策。这进一步加大了他国通胀压力与全球流动性水平，导致全球性通胀

（二）"宽货币、紧财政"政策对我国经济的影响

"宽货币、紧财政"政策对我国经济的影响表现在多个方面。就货币政策来说，宽松的货币政策将通过货币升值、大宗商品价格上升、加剧我国外汇储备风险等渠道影响我国经济。一是人民币被动单边升值，热钱大规模涌入。美国量化宽松政策导致美元持续走低，人民币单边升值，热钱通过各种渠道进入我国，其投机性给国内经济健康发展埋下隐患，增加了人民币汇率制度平稳改革的难度，助长部分行业投机行为，增大维持国际收支平衡的难度。二是大宗商品价格上升，带来输入型通货膨胀。作为国际结算货币，美元贬值将共同推动国际大宗商品价格进一步上行，提高企业生产成本，特别是通过我国进口的能源、原材料及部分农产品价格上涨传递到我国，引起通货膨胀。三是加剧我国外汇储备风险。我国外汇储备币种单一，以美元资产为主，其中以美国国债和以美元计价的机构债券占绝大比重，巨额的美元外汇储备承担着美元贬值带来的

风险①。就财政政策来说，紧缩型财政政策将减少欧美国家公共财政支出，延缓经济复苏速度，间接影响我国出口。

（三）应对欧美"紧财政、宽货币"政策的对策和启示

第一，近期我国应把握机遇，分步推进人民币国际化进程。坚持人民币周边化、区域化进而国际化，在货币职能上坚持人民币结算、投资和储备货币的战略。稳步推进人民币资本项目开放，不断完善国内金融市场。中期形成"稳定三岛"，实现国际货币多元化。据 IMF 预测，到 2020 年世界将演变成北美、"欧元区 + 英国"、"金砖四国 + 日本"这种势均力敌的三极②。加快推进亚元作为亚洲区域货币的进程。

第二，积极推进全球货币体系改革。鉴于现行国际货币体系在本次全球金融危机中所暴露出的一系列问题，国际经济学界对以美元为中心的当前国际货币体系提出了越来越多的批评，并提出了改革建议。我国应推动大量增加特别提款权发放，满足全球经济对储备货币积累的需求，推动设立"全球储备基金"，向各成员国发放等值的全球货币，作为各成员国的储备货币。重新分配 IMF 基金份额和投票权，提升中国、巴西等新兴发展中国家话语权。利用好"金砖四国"和"一路一带"新机遇，发挥区域性货币基金组织的作用。提高 IMF 宏观经济监测的透明度与对储备货币国的约束力，

---

① 参见闫屹等："金融危机以来美国货币政策对我国的影响及对策"，载《华北金融》2012 年第 7 期。

② 参见何琦："美国货币政策对全球通胀的影响机制与对策"，载《经济导刊》2011 年第 9 期。

维护大多数国家的利益。

三是吸取美欧的经验教训，推进公共财政制度改革。美国财政政策的实践证明，依靠削减公共支出来刺激经济，是饮鸩止渴的办法，我国不宜重蹈覆辙。当前，我国同样有类似于80年代美国那样主张累退性减税、削减民生支出的主张。应该看到，我国的公共支出虽然应该量力而行，但是实际上我国医疗、教育等公共支出的比例远未达到发展中国家平均比例（如我国2012年政府医疗卫生支出占财政支出比例为5.8%，而高收入国家、中高收入国家、中低收入国家和低收入国家平均分别为13.3%、11.5%、9.8%和10.0%）。当前，中国处在经济转型期，人力资本和社会保障欠账很大，已经成为扩大内需和科技创新的瓶颈，只有下决心加大公共社会事业支出，才能为经济增长营造新的动力，避免将来陷入今天欧美国家"减税—负债—削减民生支出—社会动荡"的恶性循环。

执笔：江宇

专题报告二
我国 M2/GDP 偏高原因及其对货币政策操作的影响

1973 年，美国当代金融发展理论奠基人罗纳德·麦金农（Ronald I. Mckinnon）教授在他的著作《经济发展中的货币与资本》（Money and Capital in Economic Development）一书中，将1950~1969年英国、美国、法国等发达国家与印度、巴西、智利等发展中国家的 M2/GDP 比值进行比较分析，用以衡量不同发展阶段国家的金融增长及金融深化水平的差异。此后，M2/GDP 作为衡量经济金融化的初级指标，广泛应用于分析一国的金融深化程度与金融发展状况。自改革开放以来，我国 M2/GDP 比值呈不断上涨趋势，并在1996 年首次超过 1，到 2013 年，这一比值已达到 1.95，远高于同期世界其他主要经济体的水平。从 20 世纪 90 年代起，国内外学者就开始对我国 M2/GDP 比值持续上涨这一现象的诱因及影响分别以不同视角进行分析和解读，特别是近年来，不断攀高的 M2/GDP 比值引起越来越多人的关注，就其产生的原因及可能带来的影响也争论不断。本报告就我国 M2/GDP 比值偏高的原因、可能引发的潜在风险及其对未来货币政策操作的影响进行分析。

一、我国 M2/GDP 的变动趋势

从图 1 可以看到，1985～2013 年我国 M2/GDP 呈现出台阶式增长态势，整体趋势可分为三个阶段：1985～2001 年，M2/GDP 比值以相对较快的速度从 0.58 逐年提高到 1.44；2002～2008 年，M2/GDP 比值一直稳定在 1.5 左右，并有逐年下行的趋势；随着 2008 年底启动实施应对国际金融危机的宽松货币政策，2009～2013 年，我国 M2/GDP 比值迅速提高到一个新的增长台阶，保持在 1.8 左右上下浮动，并呈现出小幅上行的趋势。与历史数据相比（见图 2），2009 年 GDP 增速和 M2 增速在增长方向上存在很大的背离，M2 增速处于高点，而 GDP 增速则在谷底，M2 增速超出 GDP 增速 18.48 个百分点，M2/GDP 比值也由此突然升高。

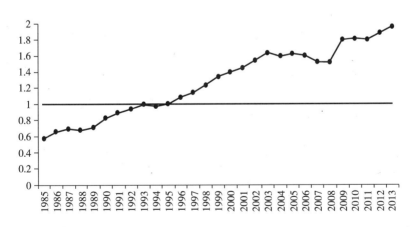

图 1　1985～2013 年我国 M2/GDP 指标变化趋势图

数据来源：万德资讯。

图2 1990~2013年我国GDP、M2、CPI同比增速变动趋势（%）

在图3中，我们选择三种类型国家的M2/GDP比值的变动趋势进行比较，包括：金砖国家俄罗斯、发达国家美国、亚洲新兴经济体韩国和新加坡。从图3中可以发现这四个国家在1985~2013年的M2/GDP值都呈现出逐年递增的趋势，但美国的M2/GDP比值增速更为平缓，而三个新兴经济体则保持了相对较高的增长速度。从数值上看，截至2013年四个国家的M2/GDP值均在1.6以下分布，均低于同时期的中国。公认的金融深化程度、经济货币化程度都远高于我国的美国，这一数值更是一直在0.7以下徘徊，远低于我国同期水平。从图3还可以看到，美国M2/GDP值从0.58提高到0.66用了29年的时间，而我国M2/GDP值从0.8增长至1.8仅仅用了21年的时间，显著快于美国。当然，由于发展阶段、统计口径、测算工具存在差别，仅就各国M2/GDP比值作简单的国际横向比较便得出我国M2/GDP比值显著高于同时期其他主要经济体的结论显然是有失偏颇的。例如在对M2的统计口径上，美国的M2统计中不但除扣了大面值定期存款（10万美元以上），同时在小面值定期存款、非机构持有的货币市场基金也都扣除了个人退休账户和基欧（Keogh）计划[①]部分，统计口径相对较窄。而我国对 M2 总量的统计则包括流通中的现金、活期存款（企业活期存款、机关团体部队存款、农村存款、个人持有的信用卡类存款）、城乡居民储蓄存款、企业存款中具有定期性质的存款、信托类存款，自 2011 年 10 月起又将住房公积金和非存款类金融机构在存款类金融机构存款纳入统计，统计口径相对较宽。但不可否认的是，通过纵横双向比较，都显示出我国 M2/GDP 值的增速都是相对较快的。

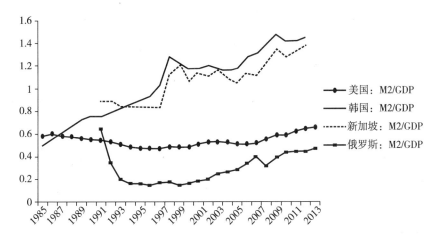

图 3　1985～2013 年美、韩、新加坡、俄罗斯 M2/GDP 指标变化趋势图

数据来源：万德资讯。

---

① 基欧（Keogh）计划又称 HR-10 计划，通过减税的方式鼓励自由职业者建立退休金投资账户，投资账户分为两种，一是基金购买计划（Money Purchase Plan），二是利润共享计划（Profit-Sharing Plan），两种计划几乎所有银行或券商都可以开户。

二、我国 M2/GDP 比值偏高的原因分析

关于改革开放以来我国 M2/GDP 比值不断攀高的原因，自 20
世纪 90 年代起即有诸多专家用不同的研究方法、从不同的角度开
展相关研究，虽然结论各异，但总体来看，大多数观点都认为我国
M2/GDP 比值高企并非由某一个因素直接导致的，而是发展阶段、
增长模式、金融体制、国内外经济环境等多重因素综合作用的结
果，并在不同时期发挥作用的主导因素也各有不同。下文将从货币
供给和需求角度着手，重点对 2001 年以来我国 M2/GDP 比值偏高
的原因进行分析。

（一）基于货币供给视角的分析

1. 总量

1990 年以来，我国 M2 的同比增速始终高于同期 GDP 的增速
（见图 2），M2 总量的扩张一直都快于 GDP 总量的增长，因此 M2/
GDP 比值也一直高企不下。从图 4 可以看到，随着货币政策基调的
不断调整，M2 增速呈现出很明显的波动。2008 年 4 季度，为应对
外部经济衰退的冲击，配合积极财政政策的实施，我国货币政策由
适度从紧直接过渡到适度宽松，2009 年新增货币投放量 13.4 万亿
元，M2 增速达到了创纪录的 28.42%，但同期 GDP 增速由 2008 年
的 14.2% 降至 9.2%，两个指标一升一降，由此也改变了 2002 ~

2008 年 M2/GDP 比值在 1.5 的水平上下波动且小幅下降的趋势，直接提高到 1.8 的增长台阶。此后随着货币政策在 2011 年重新回到稳健的思路，M2 增幅也逐步回落到十年平均水平，但由于 2009 ~ 2010 年的高速增长，已形成强大的基数效应，而这一时期我国经济并未恢复至危机前的增长水平。在 2013 年，我国 M2/GDP 比值达到了历史最高点 1.95。

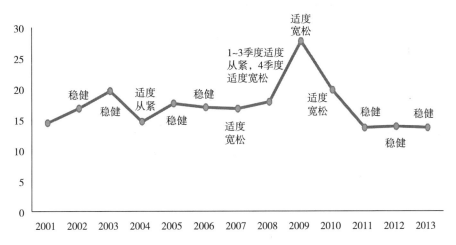

图 4 2001 ~ 2013 年货币政策调整及 M2 增速变化趋势图（%）

数据来源：万德资讯（货币政策根据人民银行网站各年度货币政策执行报告整理）。

2. 结构

根据 M2 的计算公式可知，M2 由狭义货币 M1 和准货币（即相对应时期的城乡居民储蓄存款、企业存款中具有定期性质的存款、信托类存款及其他存款）构成。从图 5 可以看到，改革开放以来，在 M2 的构成上呈现出一个显著的变化，即 M1 在 M2 的占比呈逐年下降趋势，从 1990 年的 45% 下降到 2013 年的 28 %，各类存款已越来越成为 M2 的主体。而在存款项目中，个人储蓄存款占 M2 的比例一直保持在 40% 上下，企业存款占比则在 30% 左右，其他类别存款占比较小。

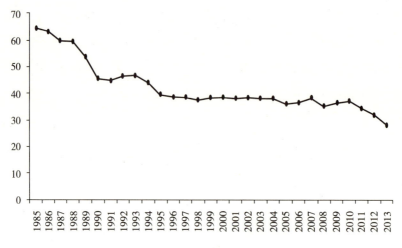

图 5　1985～2013 年 M1/M2 比值变动趋势图（%）

从图 6 可以看到，企业存款与个人储蓄存款分别在不同时期对 M2 增长起到引领作用，例如 2003 年，企业存款和个人储蓄存款以 20% 的同步高速增长带动了 M2 总量的扩张，M2/GDP 比值在 2003 年达到第一个历史高点 1.6。而在 2005 年，M2 的增长则主要是由个人储蓄存款增加所拉动。图 6、图 7 显示，2009 年 M2 增速创历史最高点，这一年除个人储蓄外，企业存款、财政存款、外汇存款以及狭义货币 M1 的增速均处于一个阶段性的最高点，这些因素共同的增长带动 M2 的急速扩张。但到 2010 年以后，M1 对 M2 增长的拉动作用已不突出，而主要由个人储蓄、企业存款的增长带动 M2 的增长。

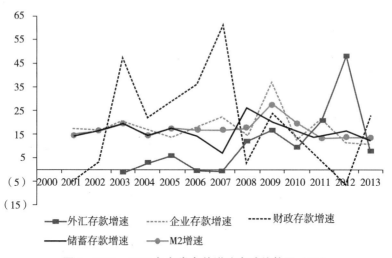

图6 2001～2013 年各类存款增速变动趋势图（%）

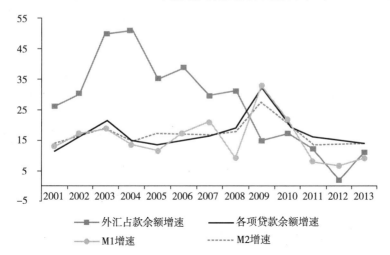

图7 2001～2013 年 M1、M2、贷款余额及外汇占款同比变动趋势（%）

数据来源：万德资讯。

（二）基于货币需求视角的分析

改革开放以来，我国 M2/GDP 指标呈现不断上升趋势，货币供给量在持续扩大的同时，货币需求也随着经济货币化、金融市场化程度的不断加深而扩张。动态地看我国 M2 规模的逐年扩张，则是货币供给与货币需求相互拉动向货币均衡点靠近的一个过程。国际上关于"中国货币迷失之谜"的讨论已持续多年，货币供应量的持续攀升除导致个别年份 CPI 增速上涨到 5% 以上外，我国并未出现通胀持续失控的局面，与此同时，货币供应量充裕与企业融资难、银行间市场钱荒等现象并存。下文将从货币需求角度分析 M2 的具体流向以及拉动 M2 增长的主要需求因素。

现代经济理论认为货币需求可以分为交易性货币需求、预防性货币需求和投机性货币需求，本文基于分析的便利，将货币需求分解为：流通性需求、投融资需求及外汇占款需求三类。

1. 流通性需求

根据计算公式，M2 中可以满足流通性需求的部分主要是狭义货币 M1（流通中现金加活期存款）。从图 7 可以看到，自 2001 年至 2013 年，在 2003、2009 年 M2/GDP 比值上升到一个台阶增长的年份里，M1 对 M2 增长表现明显的带动作用。但在其他年份表现得则不很明显，例如在 2007 年 M1 增速达到 2005～2008 年的阶段性高点 21%，而同时期 M2 增速则一直持续稳定在 16% 左右。

2. 投融资需求

M2 中能够满足投融资需求的部分是可转化为贷款的各类存款。图 8 显示了 2001 年至 2013 年存贷差的变化趋势，可以看到存贷差的增速在 2005 年达到峰值后，保持持续下降的趋势，2011 年以后这一增速已由之前的 30% 以上降至 10% 左右，显示存贷差的增速在逐步放缓，存款向贷款转换的规模在逐步扩大。就 M2 的构成来看，大量的个人和企业存款，绝大部分又以贷款的形式回到市场中去。图 7 显示，与 M1 相比，除 2005 年以外，贷款余额的增速与 M2 增速保持了同步性，按照货币银行学原理，信贷具有多倍创造货币的杠杆功能，信贷高速增长进一步拉动 M2 更快的增长。

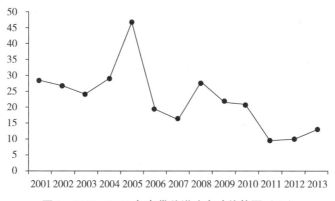

图 8　2001~2013 年存贷差增速变动趋势图（%）

数据来源：万德资讯。

3. 外汇占款

从图 7 可以看到，外汇占款的增速呈现逐年下降的趋势，从 2003、2004 年的 50% 左右的增速下降到 2013 年的 10%。外汇占款从需求角度对 M2 的拉动作用表现在，遵照当前的外汇管理体制，企业出口收到的外汇需卖给商业银行进行结汇，商业银行再将外汇转卖给央行，形成央行的外汇储备。贸易顺差越高，需要兑汇的人民币的数量就越多，央行基础货币投放量就越大，再通过货币乘数的作用，进一步推动 M2 规模的扩张。相对于信贷对 M2 的直接拉动作用，外汇占款的作用更为间接。外汇占款对 M2 拉动作用表现最明显的是在 2005 年的汇率改革时期，这一时期，入世后迅速积累的大量贸易顺差及人民币升值预期驱动下的大量资本流入，导致货币投放经由外汇占款方式投放的数量明显增加，对银行存款增长产生了一定的推动作用，进而推动 M2 的高速增长。从 M2/GDP 的增长阶段来看，外汇占款对 M2 的拉动作用，在 M2/GDP 比值增长的第二个阶段，即 2005 年前后表现明显，但在 2009 年以后的增长中，外汇占款对 M2 的拉动作用则相对较小。

（三） 我国 M2/GDP 比值偏高的根本原因

基于上文就货币供给和需求两侧数据的分析，我国 M2/GDP 比值偏高是宽松货币政策、高储蓄率、银行信贷扩张等一系列因素共同作用的结果，从根本上都可归结为以下两个因素。

1. 投资驱动型增长模式

自 1985 年以来，我国 M2/GDP 呈不断上升的趋势（见图1），但在不同阶段该指标上升的主要拉动力量是有所不同的。在改革开放初期，随着社会主义市场经济体制的逐步建立，许多产品从计划经济下的直接实物配给，转变为在市场上货币化交易，商品市场日益活跃、发达，乡镇企业、个体私营企业经历了从无到有再到迅速扩张的过程，这些因素的联合作用推动了市场对货币（包括现金和贷款）需求量的大幅增加，我国经济也由此开启了货币化进程。此后再到1998年全国启动住房制度改革后，住房实物分配制度逐步取消，房地产市场开始出现并蓬勃发展，又带动了新一轮的货币需求量的增加。

正如上文所述，到了 2001 年以后，信贷规模的持续扩张成为我国 M2/GDP 增长的主要拉动力量。在这一阶段，我国经济呈现出非常明显的投资驱动型增长特点，随着工业化、城市化的深入推进，投资已成为拉动经济增长的主导力量，而投资快速增长背后的支持力量则是信贷规模的不断扩张。各地为拉动 GDP 增长积极开展大规模基础设施建设，加大对固定资产的投资力度，一方面使新增贷款尤其是长期贷款需求持续膨胀，而另一方面由于这些投资的周期往往比较长，从而使大量的货币固定资产化，无法进行再度流通，待到追加新投资时，又需要大量新增贷款的支持。由此，投资驱动型增长模式最终陷入这样一个循环：经济增长依靠投资拉动、投资拉动依靠信贷增长、信贷增长则依靠货币扩张。在 2008 年底启动 4 万亿投资计划之后，这一现象变得更为明显，这也成为近几年来 M2/GDP 高企不下的主要原因。

2. 金融市场的不完善

（1）高储蓄率与投资渠道不畅并存

上文从货币供给视角的分析可以看到，准货币即居民储蓄存款和企业定期存款的持续增加是我国 M2/GDP 比例上升的主要原因。大量的货币以存款的形式流向金融机构形成高储蓄率而推高 M2 的总量规模，一方面与我国国民长期以来的储蓄偏好的传统、基本公共服务不完善所引致的预防性储蓄、消费性需求不足等因素密切相关，另一方面也切实反映出投资品种不足、投资渠道的不顺畅，导致大量货币以存款的形式流入银行，形成银行系统的货币沉淀，而最终这些存款中的绝大部分又以贷款的形式流向货币市场，通过杠杆作用进一步放大 M2 的规模。

（2）融资结构单一，间接融资占主导

20 世纪 90 年代起，我国的资本市场逐步建立并得到迅速发展，发展至今股票、债券、基金、期货市场都已初具规模，形成较为多元化的市场格局。但在融资结构上，以银行贷款为主要形式的传统的间接融资方式仍一头独大，资本市场的融资功能并未得到切实的发挥。从图9可以看到，社会融资总量中各类贷款占比虽然呈逐年下降的趋势，并从占据主导地位的90%以上，下降到2011～2013年的70%～80%区间，但贷款仍是企业融资最主要的渠道。企业通常选择金融机构贷款而不是金融市场进行直接融资，在二级银行制度下，这种融资方式会使银行通过贷款进行货币创造，从而扩大M2的总体规模。融资结构单一另外一个弊端是，金融机构作为独立经营的市场主体，往往有选择、有倾向性的选择贷款对象，这也导致大量资金流入大型国企及政府信用担保的地方政府融资平台，而导致在货币供给充足情况下，中小企业融资难、融资贵的现象普遍存在，资源未被有效地合理配置，不断扩大的货币规模对实体经济的拉动作用较为有限，这也是M2扩张速度与实体经济增长速度不同步的原因之一。

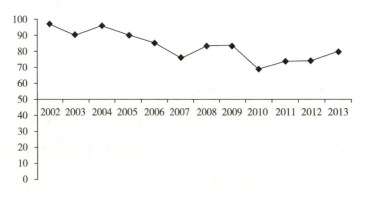

图9 社会融资总量中贷款占比变动趋势图（%）

数据来源：万德资讯。

三、我国 M2/GDP 比值偏高面临的潜在风险 及对未来货币政策操作的影响

根据国务院发展研究中心既有研究成果表明，我国正逐步进入增长阶段的转换期，在未来几年，我国经济可能由原来两位数的高速增长逐步稳定在 7% 左右甚至更低的增长水平。而与此同时，党的十八届三中全会提出了全面改革措施将逐步得到实施，这些都将对现有 M2/GDP 高速增长模式的可持续性带来严峻挑战。关于我国 M2/GDP 比值长期高企，是否会作为"货币堰塞湖"最终引发严重的通货膨胀甚至引发金融危机的讨论已持续多年，虽然历史经验显示，在多种因素的作用下我国尚未发生严重的、不可控的通货膨胀，但多次调控未见成效的房价以及各类价格高涨的投资品作为 M2 高速扩张的副产品应值得关注。在未来一段时间里，随着增长方式转变及一系列改革方案的实施，如不及时调整政策，使货币发行增速逐步向实体经济增速回归，改变 M2/GDP 继续上涨势头、回归合理区间，那么将有引发危机的风险存在。

通过表 1 可以看到，在新的增长阶段，随着新型城镇化、工业化、要素市场化进程的推进，对货币需求量会进一步增加，但经济增速放缓、增长方式转变、淘汰过剩产能、地方政府债务问题等同时又会降低货币的需求总量，金融改革的启动、房地产市场的进一步调整，会进一步带来 M2 增长方向的反复波动，这些都是界定 M2/GDP 合理区间需考量的关键因素。通过历史比较可以观察到，高储蓄率、信贷持续高速增长是我国经济增长过程中存在的一个普

遍特征，在 2002～2008 年我国为 M2/GDP 比值呈现稳定且小幅下降的趋势，但在 2009 年却突然上扬，主要的推动力量是应对国际金融危机冲击而启动的宽松货币政策与高储蓄率、信贷持续高速增长共同作用的结果。基于历史经验，笔者认为，在未来增长阶段转换期间存在诸多变数的情况下，不应轻易再采用相对宽松的货币政策刺激经济，而因秉承控制增量、盘活存量的思路逐步缩小 M2 与 GDP 增速的差距，避免因货币供给与实体经济走势长期背离而带来的资源配置的扭曲及可能引发的风险，使 M2/GDP 比值逐步稳定在合理区间。

表 1　　　　　　　　　　新增长阶段特征对 M2 的影响

项目名称	对 M2 的影响
GDP 增速下降	如 M2 继续维持高速增长，货币供给与实体经济走势存在明显的长期背离，则有引发滞涨的风险
增长方式转变：由投资驱动、外需导向内需拉动型过渡	投资需求缩减，对贷款的需求将随之下降；外需导向调整，贸易顺差逐步回调，外汇占款增速逐渐下降；内需拉动，居民储蓄存款相对减少。增长方式转变从不同角度减小 M2 的规模
产业结构调整，淘汰过剩产能	投资结构发生变化，短期内投资需求缩减，吸纳货币能力下降
新型城镇化进程推进	投资需求引致货币需求量增加
新型工业化进程推进	投资需求引致货币需求量增加
要素市场进一步完善	要素进一步市场化，货币需求量增加
金融改革启动，投融资环境改善	引起 M2 总量的波动，随着改革的深入，资源配置日趋合理，总体看有利于 M2 规模的合理化
房地产价格调整	目前高企的房价吸纳了很大一部分流动性，但长期看，随着二三线城市房价的回归，将释放出一部分货币
地方政府债务问题	巨额的地方政府债务，如无法合理解决，将引起货币市场的波动

执笔：王莹莹

参考文献

［1］颜竹梅，刘亦文，黄静寅．中国 M2/GDP 水平的国际比较与畸高的成因探析．统计与决策，2009（6）

［2］文国庆．正解 M2 与 GDP 比例偏高．财经．2013（8）

［3］马方方，沈骥．中国金融结构问题与 M2/GDP 偏高现象研究．技术经济与管理研究，2011（11）

［4］李国疆．中国 M2/GDP 比率持续增长之谜．经济问题探索，2007（11）

［5］谢辉．冷静看待中国 M2 偏高．中国证券报．2013－02－08

［6］汪洋．中国 M2/GDP 比率问题研究述评．管理世界，2007（1）

［7］戴强华．中国 M2/GDP 畸高原因探析．武汉金融，2009（5）

［8］任碧云．改革开放后中国历次 M2 和 M1 增速剪刀差逆向扩大现象分析．财贸经济，2010（1）

专题报告三
货币、信贷服务实体经济效率下降的原因和对策

  2008 年爆发的国际金融危机对全球经济增长带来巨大而深远的影响。此次危机虽然发端于美国的次贷危机，但深层次原因却是金融体系脱离实体经济过度创新，最终资金杠杆和链条超出监管范围。危机的爆发和扩散是金融体系空转运行带来危害的集中体现。由于我国经济和金融基本面运行稳健且与国际金融市场保持着谨慎连通，所以在危机中受影响相对较轻。在危机持续中和恢复阶段，中国经济都一枝独秀，成为全球经济增长的主要动力。

  然而，需要警醒的恰恰是在国际金融危机后，中国出现了资金在金融体系内空转、"影子银行"快速膨胀、企业和地方政府债务较快上升的情况。金融体系脱离实体经济运行，直接表现为货币信贷支持经济增长的效率明显下降，单位社会融资总量支持的 GDP 增长下降约50％；银行表外业务快速扩张，影子银行快速扩张。

  造成这种现象的原因从资金使用侧看，主要是面临短期需求冲击和增长阶段转换的双重困难，企业盈利能力下降。从资金流通渠

道看，主要是在经济下行期银行体系对信贷的错配情况加重，"影子银行"快速发展，房地产等领域从非正规渠道获得资金抬高了边际利率等。从资金供给看，主要是反危机过程中积累了过多的流动性，降低了资金的边际效率。

一、货币信贷服务实体经济效率明显下降

2008 年国际金融危机后，我国采取了一揽子经济刺激政策，维护了经济金融体系的稳定运行。然而，反危机时的宽松货币政策与实体经济增长动力刚性下调；经济运行中的结构性问题与货币膨胀产业紧缩相结合；正规银行体系行为扭曲与"影子银行"的结合，导致货币信贷服务实体经济的效率明显下降。

1. 货币投放促进 GDP、工业增长的效率大幅下降

2008 年之后，货币投放的经济增长效应明显降低。从 2003 年一季度到 2008 年二季度，工业增加值和 M2 季同比平均分别为 16.5% 和 17.5%。货币供应量仅比工业增加值增速高出 1 个百分点。2008 年三季度至 2013 年三季度，工业增加值和货币供应量季同比增速分别为 11.9% 和 18.2%。货币供应量高出工业增加值 6.3 个百分点，货币投放的经济增长效应明显降低。

2. 单位新增社会融资量带动 GDP 的能力下降达 50%

从 2002 年到 2012 年，我国社会融资总量从 2 万亿增长到 15.8 万亿，年平均增速达到 27%。然而，随着融资规模的扩大，资本带

动增长的边际效用下降。单位新增资金带来的 GDP，从 2002 年的 6
元下降到 2012 年的 3.3 元，资金效率下降接近 50% （见图 2）。

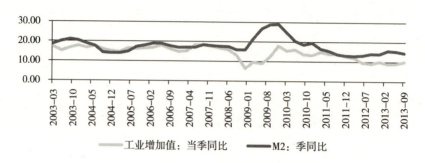

图 1　M2 和工业增加值季同比增速

数据来源：wind 资讯。

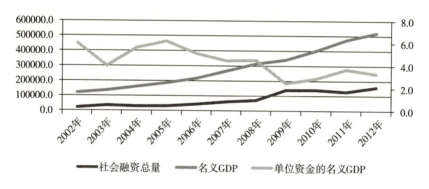

图 2　单位新增资金带来的名义 GDP

数据来源：wind 资讯。

3. 企业和整体经济的债务收入比均明显提高

从 2009 年起企业债务增长的速度不断加快，而收入增速却明
显放缓，导致债务收入比提高较快。说明企业资金利用效率出现了
较大水平的下降。而与此同时，地方政府和家庭债务占 GDP 的比
重有也明显的提高。

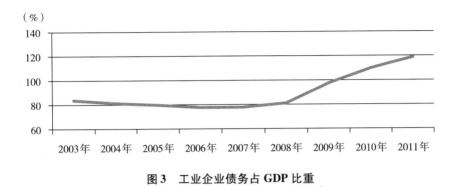

图3　工业企业债务占 GDP 比重

数据来源：wind 资讯。

二、货币信贷服务实体经济效率下降的三大原因

货币信贷服务实体经济效率下降，是多方面原因综合作用的结果。金融危机后，无论是实体经济盈利能力、货币流通速度、信贷配置效率、资金流通渠道都出现了与以往不同的变化。这些变化共同作用下，资金供给的增长效应明显降低。

（一）宽松货币供给与经济增长动力刚性下降相遇，从根本上降低了资金运行效率

1. 中长期增长动力降低与短期需求冲击共同作用，企业盈利能力阶梯式下降

国际金融危机及其随后发生的一系列的经济、金融动荡，严重影响世界经济贸易的增长。我国是世界上最大的出口国，出口增速

长期超过20%。国际市场萎缩影响外需增长，进而冲击我国原有的增长模式，促使增长阶段转换的影响更早显现。通过国际间增长历史比较、重要工业产品生产消费峰值分析等方法，可以推断中国已逐步进入增长阶段转换期，经济增长动力面临转换的挑战（刘世锦，2011）。中长期因素与短期需求冲击的结合，对原有经济增长和企业盈利模式形成较大冲击。实体经济的价值创造能力逐步下降。从人民银行5000家工业企业的统计数据看，2003年到2008年企业利润率相对较为平稳。受2008年金融危机影响，2009年企业利润率快速下降，在一揽子刺激政策的作用下，2010~2011年企业利润率稍有回升，2012年以来，企业经营利润率再次降低。

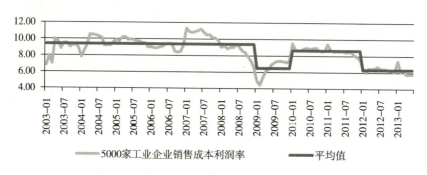

图4 5000家工业企业销售利润率

数据来源：wind资讯。

2. 货币流通速度下降约20%，降低了资金周转效率

为对冲国际金融危机的影响，2008年以来我国货币供应相对较为宽松。然而，由于实体经济面临增长阶段转换、外部需求冲击、房地产和基础设施投资紧缩等多重影响，企业中长期预期出现转折性变化，经济活力明显不足，货币流通速度出现大幅度下降。从

2003 年到 2008 年，货币流通速度相对稳定。2008 年之后，货币流通速度有两次比较明显的下降，2009 到 2001 年流通速度，在 0.6 左右流动，2012 年进一步下降到 0.57，与 2002 相比下降了约 20%。货币流通速度下降，降低了资金的周转效率，导致社会资本创造增加值的能力明显下降。

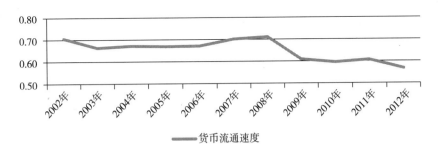

图 5　2002～2012 年货币流通速度

数据来源：wind 资讯。

（二）受体制性因素影响，经济增速下降阶段贷款错配的情况加重

从不同规模企业的贷款使用效率看，小微企业效率最高。最近四年单位贷款创造的利润为 0.217 元，而大型企业和中型企业分别为 0.139 和 0.137。受银行体系产业结构和所有制结构影响，虽然资金利率效率不高，但大型企业特别是国有大型企业更容易获得贷款，形成信贷错配。在经济增速高、企业经营风险普遍较低时，中小企业得到贷款的增速明显高于大型企业，贷款错配情况有所缓解。然而，一旦经济增速下降，企业经营风险增加，中小企业，特别是小企业的贷款增速就会快速下降，增速下降幅度大

大超过大型企业。2010 年大型企业贷款余额同比增速大约为 13%，小微企业贷款余额增速大约为 26%。到 2013 年前三季度，大企业贷款余额增速下降到 11%，而小微企业下降到 13%。大企业和小微企业贷款增长分别下降了 2 个百分点和 16 个百分点，形成鲜明的对比。

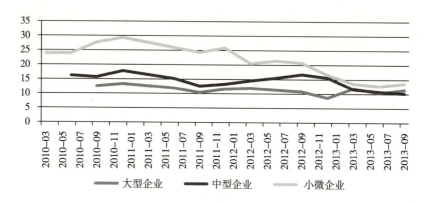

图6　不同规模企业人民币贷款余额同比增速

数据来源：wind 资讯。

在经济下行阶段，贷款错配情况加剧。2010～2012 年间，新增贷款主要投放到大型企业中，小微企业得到的贷款是最低的只有 30.9%（见表1）。

表1　　　　不同规模企业资金利率效率及其新增贷款占比

	大型企业	中型企业	小微企业
单位贷款余额创造利润（元，四年平均）	0.137	0.139	0.217
贷款余额占比（%，2012 年）	42	32	26
新增贷款（亿元，2010～2012）	33840	28143	27759
新增贷款的占比（%）	37.7	31.4	30.9

数据来源：万德资讯、作者估算。

（三）宽松货币、影子银行、重点领域紧缩政策，三大因素诱发融资链条出现严重扭曲

在货币供给相对充分的背景下，政府加大了对房地产、基础设施投资的调控力度，收紧正规贷款渠道对产能过剩行业的资金供应。这从客观上刺激了上述领域从传统渠道以外获得资金的需求。由于大型企业有体制和规模上的优势地位，在获得银行的信贷资金后，通过"影子银行"等其他方法进入投资受限制的领域。传统贷款错配与新的资金流通渠道相结合，加长资金链条、抬高了资金边际价格。

1. 资金在金融体系内空转，进入实体经济的资金量占比降低

从统计上看，社会融资总量反映非金融企业从金融体系获得的资金。然而，由于一些非金融企业利用特殊地位将从金融机构和市场上获得的资金，通过委托贷款、理财等形式再次转向金融体系。从表现上看有以下几点。

①贷款余额同比增速高于工业企业负债增速，大量资金并没有进入实体部门。图7是2004年以来工业企业负债同比和贷款余额同比增速的情况。从图中可以看到，工业企业负债同比增速在平常年份一般是高于贷款余额增速的。但2008年金融危机期间和2011年之后，贷款余额同比增速明显高于企业负债的增速。从数值上看，工业企业负债同比增速比贷款余额增速大约低三个百分点，说明大量的贷款并没有进入到生产性领域。

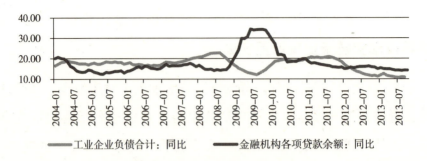

图7 工业企业负债和贷款余额增速

数据来源：wind 资讯。

②新增贷款流入非金融企业占比下降，也说明一部分资金没有进入实体经济。2008 年金融危机后，流入非金融性公司的新增贷款占比明显下降。2005～2008 年，非金融性公司占新增贷款的占比平均为78%，2010～2013 年，这一比例下降到64%。而 2013 年平均不到60%。

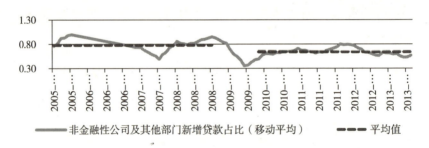

图8 非金融公司新增贷款占比

数据来源：wind 资讯。

③社会融资总额中，银行表外业务量快速增加。社会融资总额的八个组成部分分为三个大块。第一块，银行表内贷款包括新增人民币贷款和新增外币贷款。第二块，银行表外贷款包括新增委托贷款、新增信托贷款和新增未贴现承兑汇票；第三块直接融资部分包

括债券融资、股票融资和保险资金。图9显示了社会融资总额三大块占比的变化情况。从结构上看，银行表内贷款占比从2002年的95.5%下降到2012年57.9%，而同期银行表外贷款和直接融资的占比都上升了10个点。

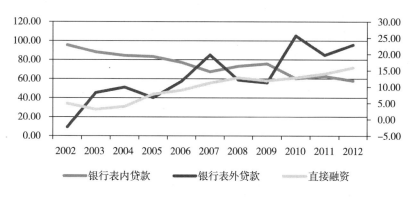

图9 社会融资总额各部分占比情况

数据来源：wind资讯。

2. 部分信贷资金通过大型企业借助于影子银行再次流入市场

从人民币贷款余额的同比增长率看，中型和小微企业增速明显下降。中型企业的贷款余额从2010年平均17%下降到10%，小微企业从27%下降到2013年大约13%的水平，而同期，大型企业的贷款增速却没有太大变化（见图6）。在贷款余额增速出现明显分化的情况下，大、中、小三类企业利润占比的情况都没有出现大的变化。由于宏观经济对企业的影响相对比较对称，在资金流入情况发生较大变化时，企业盈利却没有大的变化。说明部分信贷资金虽然进入了大企业，但并没有真正用于经营。实际上，相当一部分大企业的资金通过信托、理财和其他方式再次进入金融市场，最终被配置到一些从正规银行渠道难以获得资金的部门。

3. 房地产、基础设施建设等受紧缩政策影响的领域通过各种渠道仍占用资金并抬高资金的边际价格

最近几年新增资金未能得到有效使用。虽然受到紧缩政策的影响，房地产业、基础设施建设、产能过剩的部门，仍得到相当高比例的新增贷款。2010 年以来，新增贷款中投入房地产领域（房地产开发和居民房地产贷款）都有所下降，但是占比依然较高。房产地贷款占新增贷款的比例在 2010～2012 年间超过了 50%，2012 年也达到 37.5%。

新增贷款除了快速向房地产行业集中，同时也集中到基础设施领域。2011 年以来，基础设施贷款余额同比增速平均比工业要高接近十个点。

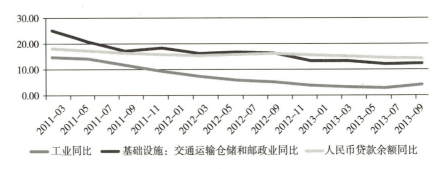

图 10 不同部门中长期贷款余额同比增速

数据来源：wind 资讯。

在正规的融资渠道外，房地产、基础设施和过剩产能领域仍然是重要的资金最终流向地。2012 年资金信托行业中，基础产业与房地产占比接近 40%（雷薇，2013）。

三、从宏观调控和体制建设两方面共同推进，缓解金融体系空转、效率下降的问题

货币供给宽松导致经济债务增长收入比提升，对于经济持续健康运行是不利的。从宏观经济运行层面上，应该在控制货币供应增长速度的同时，提高生产率和收入增长速度，平抑债务收入比的上升。体制性的问题导致大量新增贷款集中于高风险和政府隐性担保支撑的房地产、基础设施、过剩产能部门，阻碍了货币政策发挥正常的经济促进作用。需要加快金融体系相关改革，提高金融体系配置资金的效率。

（一）增强实体经济价值创造能力

货币信贷促进经济增长的效率下降，很大程度上是由于实体经济结构性矛盾突出、活力不足造成的。当前短期需求不足与增长阶段转换相交织，需要将短期宏观调控政策与中长期增长动力培育的措施相结合，在保持经济相对平稳，不脱离增长通道的基础上，着力加大各方面改革的力度，特别是从能够尽快产生全局性效应和整体效率提升的领域入手，将容易推进的，可以较快带来的效应的措施放在前面。

1. 创造平稳健康的宏观经济环境

进入后危机时代，需求不振成为常态，反危机的措施经过累积

后，效率下降而不良影响却更加显现。比如，货币和信贷存量大规模提升，地方政府债务情况有所恶化。通过需求侧调控经济运行的空间和手段都受到制约。与此同时，结构性矛盾的影响更加突出。应该将着力点更多放在供给层面。

①保持稳健的货币和财政政策，为经济修复期创造相对温和的宏观环境。货币财政政策的效力有限，主要的考虑应该放在底线思维上。只要就业和价格不出现明显的问题，就不过多频繁地调整货币财政政策的实施力度，给市场相对稳定的预期。

②加快过剩产能的调整清理。由于中国持续高增长多年，几乎每一次短期经济调整后，经济都又回到高增长的轨道。这样的思维定式在一定程度上影响了我国企业和地方政府对过剩产能态度。然而，在增长阶段转换期，中国经济无法再回到以前的高增速状态，只有尽快清理产能，在企业层面才能提高整体竞争力，从宏观层面才能提高经济运行效率。可以采用关闭和转移部分落后产能，推动企业重组等方式，加快产能清理调整。

③清理地方政府债务，拓宽地方政府融资渠道，有序推进地方基础设施建设。土地财政是地方政府能够在前些年获取资金进行大规模基础设施建设的主要渠道。随着房地产市场逐步饱和和土地流通体系改革的推进，地方政府通过垄断土地一级市场开发获取资金的渠道将会大大减少。然而，对于处于中高速增长的中国经济来说，城市基础设施的进一步扩展与完善，小城镇和农村基础设施的建设还存在相当大的空间。多数研究都认为中国经济在6% ~7%的水平上仍将保持一段时间，相对于中长期市场5%的利率和低风险的地方债，只要有序、健康地推进地方基础设施建设，仍可以得一

个正的经济社会收益。形成经济增长与基础设施效应之间正向的循环①。

2. 培育新的增长接续动力

增长阶段转换是增长动力的转换。我国原有增长模式，面临供给、需求和环境方面全面而刚性的制约。从依靠高投资到主要依靠全要素生产率的提高是必然的选择。为此需要从市场机制建设、知识产权保护、教育体系改革、创新体系建设等方面全面入手，推进改革。随着全面深化市场经济改革若干决定的逐步推进，必然会为中国经济增长带来新的动力。

我国市场化改革进展并不平衡，部分基础行业和要素领域价格不顺、放开不够、竞争不足的问题比较突出，市场机制难以发挥基础性作用。例如，有的地方发电能力利用不足，有的地方却严重缺电；有的行业债务负担沉重，投融资能力下降，而大量行业外资金难以进入。推动这些领域的改革，缓解供给不足，促进新兴企业发展，增加投资需求，并通过强化竞争、降低成本和资源消耗，在减轻通胀压力的同时，有效提高国民经济运行效率。

建立扩大消费的长效机制，促进现代服务业和战略性新兴产业发展，实施创新驱动发展战略，实现从成本优势向创新优势的转变，既是增长阶段平稳转换的关键所在，也决定了发展方式转变能否取得实质性进展和全面建成小康社会目标的实现。因此，培育新增长动力和竞争优势面临的体制机制障碍，应成为近中期经济体制

---

① 如果经济中长期增长速度较高，那么已经形成的基础设施的经济社会效应就会更高。反之，基础设施的经济社会效应就会下降。（肖耿，2012）。

改革的重点。

（二）完善金融体系，疏通资金流通渠道

1. 加快利率市场化改革，建立政府债券收益率曲线，保证信贷合理定价

加快利率市场化改革推进步伐。由于央行不能恰当地设定利率，非银行贷款利率脱离央行控制。影子银行的发展一方面是由于大型企业获得资金后，通过其他渠道流入小型企业或者是风险溢价较高的房地产、地方融资平台。另一方面，银行的理财业务实际起来了对存款进行划分的功能。利率市场化后，将会有更加清晰的资金流向。建立政府收益率曲线，以保证信贷合理定价，进一步促进资本的有效配置。

2. 加快银行体系改革

现有的银行机构体系是在原有计划体制基础上发展而来的，特别是四大国有商业银行的地位，是长期发展形成的。再加上银行业的投资额大，市场进入条件要求高，私人资本难以介入。如果不由政府主动改革，仅靠市场手段，短期内难有变化。由于四大行的相对垄断地位，所以在对于中小企业的贷款上，积极性不高。应加大地方性银行和面向中小企业贷款的中小银行的扶持力度。

3. 加大对于影子银行的监管

我国的影子银行主要表现为两类：一类是与正规金融机构有关的影子银行。这一类主要是投资银行、银信合作、理财产品、委托贷款、票据融资、隔夜拆借、逆回购协议等机构和业务。另一类是

与民间资本有关的影子银行，主要包括私募基金、民间借贷、小额贷款公司、担保机构、典当行等。对于有正规金融机构参与的以绕过货币监管为目的的带有明显衍生性质的影子银行业务，要加大监管力度，将其纳入宏观审慎监管。而对民间借贷，小额贷款公司典当行等民间非正规的借贷行为，则以疏为主。

执笔：吴振宇

参考文献

[1] 刘世锦．寻找中国经济增长新的动力和平衡．新华文摘，2013（17）

[2] 雷薇．中国"影子银行"的风险特征及产生原因．国务院发展研究中心调研报告．2013年第171号

[3] 肖耿．中国经济的现代化：制度变革与结构转型．南京：译林出版社，2012

专题报告四
推动金融更好地服务实体经济
——基于金融改革的视角

一、问题的提出

党的十八届三中全会《中共中央关于全面深化改革若干重大问题的决定》指出，扩大金融业对内对外开放，在加强监管前提下，允许具备条件的民间资本依法发起设立中小型银行等金融机构；推进政策性金融机构改革；健全多层次资本市场体系，推进股票发行注册制改革，多渠道推动股权融资，发展并规范债券市场，提高直接融资比重；完善保险经济补偿机制，建立巨灾保险制度；发展普惠金融；鼓励金融创新，丰富金融市场层次和产品。《决定》的本质其实是要使金融能够更好地为实体经济服务，因为实体经济是经济和社会稳定的基础，只有实体经济得到了充分的发展，国家才能强盛。而金融发展的本质就是为了满足实体经济的需求，优化社会资源配置，更好地推动经济增长。金融发展的第一要务就是服务实体经济。过去十年，我国金融业得到了极大的发展，据统计，2012年末我国银行业金融机构网点共计20.2万个，比上一年增加了0.2

万个；资产总额 124.5 万亿元，同比增长 17.7%，是 2003 年资产总额的 4.75 倍，年均增长率达 18.94%[①]。此外，我国资本市场也发展迅速，截至 2012 年上海证券交易所上市公司数为 954 家，比 2003 年增加了 174 家，累计发行股本总额 2.46 万亿股，年均增长率为 24.74%；而深圳证券交易所上市公司数为 1540 家，比 2003 年增加了 1033 家，累计发行股本总额为 7215.99 亿元，年均增长率为 22.02%，两家证券交易所累计筹资额为 5.96 万亿元人民币；债券市场同样发展迅速，截至 2012 年债券市场市值 24.04 万亿元人民币，十年间增加了约 20.36 万亿元人民币，年均增长率达 23.88%。此外从衡量一国金融深化水平的指标 M2/GDP 来看，我国在 2012 年为 187.6%，而同期美国这一指标为 66.5%，欧元区为 95%，日本为 174%，而英国为 133%[②]，从表面上看，同发达经济体相比，我国似乎并不存在金融深化程度不足的问题。

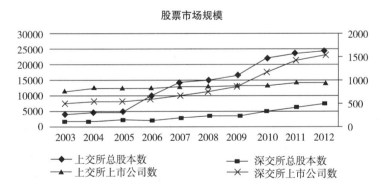

股票市场规模

图1　股票市场总股本（亿股）和上市公司数

---

① 数据出自中国人民银行《2012 中国区域金融运行报告》。
② 数据为笔者自行整理。

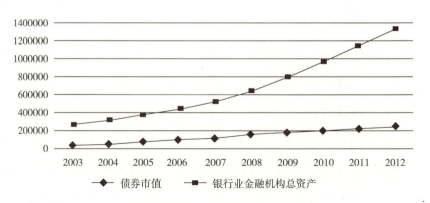

图2 金融机构资产和债券市场规模（亿元）

可见，无论从金融业机构数量、资产规模、资本市场规模还是金融深化程度来看，金融业都得到了长足而快速的发展，理应有实力和能力为实体经济提供更好的服务。但是现实却完全相反，我国长期存在着实体经济融资难、小微企业融资难和实体经济回报低的现象，与此同时金融业却长期保持着较高的利润率，以2012年为例，所有金融业上市公司利润率为29.66%，而同期全国规模以上工业企业利润率仅为6.67%①。可见，当前我国金融市场存在的问题并非是数量上的问题，而是结构性的问题。首先，由于庞大的国有银行体系以及欠发达的资本市场，我国银行业信贷资金供给的结构性矛盾突出，使得中小企业和民营经济融资困难。据中国人民银行统计，2012年社会融资规模为15.76万亿元，其中人民币贷款8.2万亿元，占社会融资规模总额的52.04%，而被视为直接融资的企业债和非金融企业境内股票融资分别为2.26万亿元和0.25万亿元，分别仅占社会融资规模总额的14.3%和1.6%②。第二，从

---

① 数据为笔者自行整理。

② 数据出自中国人民银行《2012 社会融资规模统计表》。

债券市场来看，作为中小企业直接融资重要来源的地方企业债和集合企业债仅占债券市场规模的2.21%。第三，由于国有大银行在股份制改造完成后均走上了做大做强的道路，而城商行和农商行为了实现规模效益也走上了跨区经营的道路，而大型金融机构通常更愿意为大型国有企业服务，而不愿为资金需求较小、风险较高而又收益较低的中小型企业提供融资服务，致使资本市场和民营经济长期得不到发展。第四，由于银行业准入门槛高，致使大量民间资本游离于正规金融体系之外，形成了大量的非正规的民间借贷，严重威胁着实体经济和金融市场的健康发展。第五，由于我国幅员辽阔且各地区经济发展水平和产业结构差异显著，继续实行"一刀切"式的货币政策和监管政策显然已经不能满足经济发展的需要。在此背景下，如何加大金融改革力度、增强中国金融体系的服务实体经济的能力是当前中国金融改革面临的重要问题。因此本文从金融服务实体经济的角度出发，通过反思过去十年我国金融改革的路径，以求能寻找到问题的根源和解决之策。

二、对金融改革路径的反思

关于改革的作用，在理论层面上是不存在分歧的。马修斯曾说过，任何党派的政治家都深信，制度转型是经济发展的源泉，因为正是合理的制度安排才引起了经济发展。但是，在改革实践中，我们往往很容易忽视金融发展与经济增长最原始的关系、作用和条件，而转向去注意一些与实体经济无关的，甚至是背道而驰的改革，从而使金融脱离了和实体经济最原始的关系。当经济社会中各种问题逐渐凸显的时候，人们不禁开始问道，到底是金融改革本身就是错误的，还是金融改革的路径有误？为回答上述问题，我们必须对过去十年我国金融改革路径进行深刻的反思。

（一）对信用社改革的反思

在改革开放以后，伴随着我国从计划经济向市场经济的过渡转型，农村信用社也经历了最初的改革与发展，提出坚持合作金融的方向，依据组织上的群众性、管理上的民主性和经营上的灵活性的"三性"原则，发挥好金融对农村经济发展的促进作用，将农村信用社办成真正的合作金融组织。但是由于当时的市场经济体制并没有完善，大多数人还受到传统思维的束缚，原有制度的惯性还在发挥作用，因此改革并不彻底，成效也不明显。20世纪90年代以后，随着我国市场经济体制的逐步建立与完善，提出了按照市场经济的原则推进农信社的改革，包括"统一法人"改革、让农信社自主选择产权制度和组织形式以及将农信社的管理交由省级政府负责等措施。但是由于政策在具体实行过程中，地方政府对政策误解及部分落后地区不顾当地实际情况而盲目跟风，致使农村信用社改革出现了偏差。

首先，"统一法人"后的信用社过分强调抗风险性，致使大量基层网点被撤并，偏远地区农民的利益受损。所谓"统一法人"就是将原有的乡镇信用社以入股的方式合并成立县市级的信用联社，县市信用联社成为统一后的独立法人，而原来的乡镇信用社成为县市信用联社分支机构，不再拥有独立的自主经营权。这样做的好处是将原有分散、弱小的乡镇信用社整合成一个规模较大的信用联社，从而有效增加其抗风险的能力。但是，"统一法人"后的市县级信用联社过分追求抗风险性，其结果就导致了，第一，为节省成本和方便管理，县市信用联社大量撤并信用社基层网点，严重破坏了农信社固有的"地缘"和"人缘"优势，导致信息搜寻成本增加，抑制了对小农户的信贷供给。"统一法人"后，我国农信社大多以县联社为单位实行扁平化管理，审批贷款直接上报县联社，但是由于信贷调研员人员有限等原因，致使县联社很难有效率地完成县域内所有网点的信贷评估，因此只能将有限精力集中用在大企业、大项目的调查上，十分不利于小农户小企业获得金融支持。第二，资金从经济条件差的地区流向经济条件好的地区，县城和中心城镇的存贷比明显提高，而偏远乡村的存贷比则有所降低。县市联社的信贷授权主要依据基层信用社所在地的经济发展水平、信用环境和经营状况，即越是经济发达、信用环境好、存贷规模大的信用社得到的授权越大。然而，我国农村面积辽阔，即使在同一县域内各地区的经济发展水平的差别也是巨大的，由于边远贫穷的山区信用社规模小，其得到的信贷授权自然也少，因此上报一笔超过授权范围的贷款要花费的时间和开支费用成本远远高于经济发达的信用社，因此县市联社更愿意将贷款投入发达地区。最后，由于"统一法人"后机构规模扩大，社员加入的门槛提高，普通农户往往难以成为社员，即便成为社员，普遍存在的搭便车的思想也使普通农户不会积极参与到联社的民主管理中，更不会而且也难以参与信用社的决策监督中，由此也就难以保证他们在享受贷款服务方面的权益不受侵害。国外的农村合作金融组织基本都是社员控股所有的，借款人通过认购一定比例的合作社股权加入合作社，享有社员的各项权益，包括贷款权和投票权或收益权，管理上采取一人一票制的民主管理方式，投票选举理事会成员，再由理事会聘请专业经理人或会计师负责日常经营活动。

其次，农村信用社在改革过程中许多地区不顾当地实际情况而盲目跟风，使得农信社的股权改革大多向股份制转化，而彻底放弃了合作制，"去合作化"的趋势十分明显，部分地区甚至直接将农信社改制为农村商业银行。由于股份制的农信社的产权关系及治理结构更接近股份制商业银行，而商业银行以获取利润，追求股东利益最大化为导向，因此对于具有企业法人身份的农信社来说，自然更愿意寻找经济发达地区的大客户合作，尤其是得到各级政府支持的大型项目，既能保证收益，又承担较小的风险，更符合股东利益，而不愿在偏远贫困的农村地区精耕细作，贷款给规模小、收入低，缺少抵押品且风险得不到控制的农户。反观德国，其合作金融组织在市场经济的洪流中得以持续稳定发展的一个重要原因就是坚持合作制。德国的合作银行（相当于农信社）在创立之初的经营理念就是不以营利为目的，主要为会员提供金融服务，并且这种理念一直延续至今。其基层的农信社的资本金主要来自于当地农户、小农场主、银行雇员、自由职业者以及社会援助，持股会员既是主人也是客户（占所有客户的50%左右）。同时其合作金融系统立足传统业务，在产品和技术开发过程中，坚持"没有最好，只有最适合"的原则，很少开展投资银行业务，也不从事金融衍生产品业务，这些也是确保德国合作金融系统在各种金融危机中能够持续经营、有序发展的重要原因之一。由于农业本身所具有的低回报和高风险的特点，所以纯粹的商业银行在逐利性的驱使下都不愿意进入"三农"市场，但农业又是整个国家经济发展的基础，是人民生活的基本保障，因此在金融服务方面必须区别对待。对农信社而言，不能盲目实行单一股份制，完全去合作化，模仿一般商业银行的做法，而应动态地理解合作制，充分利用合作制或股份合作制调动基层农户的积极性，更多地寻求和利用好本地资源，更好地发挥合作制在解决"三农"问题时的特殊作用。

最后，省联社作为农信社的省级监管机构，职责不清，权责不明，严重影响基层农信社的正常经营。在中央下放农信社的监管权给省级政府后，各省纷纷成立了作为农信社省级监管和服务机构的省联社，但是省联社在成立之初就存在职责不清、权责不明的问题。一方面省联社作为监管机构，却直接掌握着基层农信社的财务审批、人事任免和信贷项目审批等权力，严重影响了基层信用社的经营自主性和决策灵活性。另一方面，作为服务机构的省联社对于辖区内县级联社的行政控制却凌驾于县联社自身的股权控制之上，一定程度上降低了县级联社的法人治理结构改革的效果。此外，大多数省联社均存在政企不分的情况，在人事上，按照信用社有关规章，省联社高管的任命由会员单位（县级联社）选举产生，而实际情况是，各地的省联社高管都是由省委、省政府指派的，即便是选举也是走个过场而已；在经营管理上，一些省联社超范围开展自营资金业务，一方面因业务规模的过快增长蕴含着较大潜在风险，另一方面也影响了支农服务的资源配置。反观德国的例子，德国是世界上最早实行合作金融模式也是最成功的国家之一，在德国，合作组织有三个层级，但是各级信用合作组织和合作银行都是依法注册、独立核算、自主经营、具有独立法人资格的金融机构，层与层之间无行政隶属关系。其金字塔结构的最底层的合作组织是基层农村信用合作社，位于第二层的是地区性的管理机构，即地区性合作银行，第三层则是全国性的中央管理机构，即德国合作社银行（属于信贷合作联合会）。各层次间自下而上地持股，下一层合作银行持有上一层合作银行的股份。各级合作组织都是独立的法人实体，拥有独立的经营自主权，上一级机构作为下一级机构的联合组织，是行业性的自律组织，它承担一定的管理任务，但其主要职责不是管理，而是为下级机构提供各方面的服务，其服务职能大于管理职能。基层合作金融组织直接经营货币信贷业务，地区性的管理机构主要从事协调管理工作，为基层合作金融机构保存准备金和融通资金，提供信息，对外联系，全国性的中央管理机构，主要从事管理协调工作，处理地区银行无法承担的付款业务，负责与政府其他机构联系和国际间业务往来等。此外，日本的农协也采用多层次组织结构。但其每级机构也都是独立经营，独立核算，自负盈亏，相互之间不存在上下级关系。这对我国农信社的发展有很大的借鉴意义，在构建金字塔式的组织关系时，必须给予基层农信社独立自主的经营权，此外，在基层农信社能力不足时可以借助上层机构的力量扩大及增强本地信贷的能力，同时区域性的管理机构对基层农信社应以服务为主管理为辅，切不可成为基层农信社独立经营的阻碍。

（二）对鼓励跨区开设分支机构的反思

1995 年 7 月，国务院下发了《关于组建城市合作银行的通知》，在 35 个大中城市开始分期分批组建由城市企业、居民和地方财政入股的地方股份制城市合作银行。1998 年 3 月 13 日经国务院同意中国人民银行和国家工商行政管理局联合发出通知，将已有的城市合作银行统一更名为城市商业银行，此后又有 91 家城商行由全国 2200 多家城市信用社合并而成，至此城市商业银行作为我国金融市场的重要补充，开始为地方经济建设发挥其应有的贡献。这一时期，城市商业银行的宗旨是：服务当地经济，服务中小企业，服务当地客户。2004 年 10 月 19 日，我国城商行第一家异地分行成立，它是由哈尔滨市商业银行收购双鸭山市建设城市信用合作社形成的，从此城商行开始了跨区域经营。据统计，截至 2012 年 6 月末，全国 29 个省、直辖市、自治区（除西藏自治区和海南省）的 140 家城商行中，已有 93 家在异地设立了 389 家分支机构，其中 44 家在省外设立 107 家分支机构。

为什么众多的城商行会纷纷选择跨区域经营以求实现规模化发展，而不是坚持其在建立之初的宗旨深耕细作服务本地经济呢？本文认为主要有三点原因，首先，从市场需求来看，随着经济的发展，不同城市之间的经济交往日益密切，区域经济协同发展日益重要，类似长三角、珠三角、环渤海经济圈等地，各地区城市主体之间的内部经济相关性越来越紧密，而区域经济一体化的发展使得客户对区域性银行的需求也不断提高，比如区域内的异地支付结算和信贷等，由于金融体系缺乏合理分工，搞同质化竞争，而城商行仅局限于一地的经营模式明显缺乏竞争优势。其次，监管机构从风险防范的角度出发，鼓励城商行跨区域经营。最后，从城商行自身追求利益的角度出发，由于我国存在金融抑制，在利率管制的情况下银行可以通过扩大利差来实现利润，而这种实现利润的方式要求银行只需要简单地扩大规模就可以稳定地获得利润，因此城商行自身有跨区域经营的强烈动机，所以金融改革的滞后是城商行跨区域经营背后的真正原因。

城市商业银行盲目地跨区域经营导致了两个负面的结果。第一，城市商业银行的经营宗旨不再清晰，不再追求服务当地经济，服务中小企业和服务当地客户，而改为模仿国有商业银行和股份制商业银行，追求大客户和大企业，一味地追求做大做强。目前，几乎所有的城商行都将目光投向了大中型城市以及经济发达城市，希望在发达地区的金融市场分一杯羹。但是由于城商行自身资本金有限，同时在异地获得存款的能力也有限，因此在服务其他地区客户的同时必然导致本地区服务质量的下降，而在资金不足时必然会导致其优先为本地大企业和地方政府服务，而舍弃掉当地的中小企业。以南京银行为例，2012 年末，南京银行在南京本地贷款余额为 561.11 亿元，尽管较上年末增加 66.98 亿元，但占全部贷款余额的比例却比上一年下降了 3.28%；与此同时，南京银行在南京以外地区贷款余额为 691.57 亿元，比 2011 年增加了 157.66 亿元，增幅为 29.5%，其中上海、北京、浙江等地贷款余额占比分别为 9.36%、8.00%、5.44%，均比上一年有较大增长[①]。可见，南京银行在跨区域经营的同时弱化了对本地市场的服务。反观美国，美国是人均拥有的银行数量最多的国家，这些银行中最多的就是社区银行，其中大部分社区银行均位于人口在 5 万或者以下的社区，对

---

① 数据出自《南京银行股份有限公司 2012 年度报告》。

于这些社区而言，社区银行是其主要的金融服务提供者。而社区银行是典型的当地人拥有和经营，董事会成员和雇员都是当地居民，确保他们能够积极参与当地社区事务，运营中可以做到当地决策，其便利性使得社区银行能够迅速地做出决策并提供客户所期望的服务。

第二，城市商业银行在跨区域经营的过程中，自身的不足不断暴露，经营风险不断增加。对商业银行来说，人才与客户是两大重要的资源，但是同国有商业银行和股份制商业银行相比，城商行均有一定差距，尤其在跨区域经营中，城商行的人才储备更加缺乏，跨区域经营的管理经验不足。同时，由于在其他地区缺乏客户资源，要想寻求更多优质客户资源必然要投入大量的人力物力财力，这非常不利于其成本控制和风险管理，而盲目扩张必然导致经营成本及风险上升。此外，城商行盲目地进入本身金融市场竞争就已经相当激烈的地区，无疑会加剧市场的同质化竞争，同样会导致经营成本和风险增大，同时利润难以得到保证。例如北京银行，截至2012 年底，北京银行在北京以外地区资产规模已经达到 4303 亿元，但其异地分支机构在成立之初利润却难以保证，如在南昌、南京和济南等地异地分支机构成立的第一年均亏损数十亿元，而济南分行甚至连续两年都是亏损状态，同时上海地区 2011 年利润相对 2010年也开始有所下降①，显现出在金融市场相对发达地区，跨区域经营带来的巨大挑战。反观美国，美国的社区银行完全立足于本地市场以及小型城市和农村地区，在当地深耕细作，而不盲目进驻大中

---

① 笔者根据北京银行股份有限公司历年年报整理所得。

型城市与大型银行拼杀，据统计，1990～2011年规模较大的社区银行年度资产收益率的平均值为1.02%，几乎和中型银行（1.04%）相等，均高于大型银行的0.98%。

（三）对国有银行改革路径的反思

1993年中国金融改革进入了深层次的改革阶段（吴敬琏，2003），因为从这一年开始拉开了国有银行商业化改革的序幕。1993年以前，中国金融改革的核心是构建以国有银行为核心的金融体系。在这段时期内，相继成立或恢复了四大国有独资专业银行，使之同时担负着政策性银行和商业银行的双重职责，并承担起了推动经济发展的重任。不可否认，在这一段时期内，国有独资专业银行为经济发展做出了不可磨灭的贡献。但是，到了1993年，我国货币化程度（M2/GDP）首次突破了100%，而通货膨胀率也达到了21.7%这一前所未有的高度。而为了实现当年GDP增长率13.5%的目标，国内信贷增速扩张了近60%。这一时期无论是政府高层还是民间学者都意识到了当时的发展方式是不可持续的，而根源就在于经济增长对国有银行体系的过度依赖，因此对国有银行进行深层次改革已经成为当务之急。在此背景下，国务院发布了《国务院关于金融体制改革的决议》，提出了政策性金融要与商业性金融相分离，并在1994年相继成立三家政策性银行。在此基础上，1995年又颁布实施了《中华人民共和国商业银行法》，明确了国有商业银行是"自主经营、自担风险、自负盈亏、自我约束"的市场主体，从法律上定位为国有独资商业银行。

1998年亚洲金融危机的爆发以及2001年中国正式加入WTO成

为国有银行改革的又一重要节点。由于当时各国有银行并未采取审慎的会计制度，呆账拨备严重不足，国有银行资本金严重不足，存在着较大的系统性风险。因此，国家决定对国有独资商业银行进行股份制改革，而"财务重组—公司治理改革—资本市场上市"的三部曲也拉开了序幕。随着四大国有独资商业银行相继成功上市，国有独资商业银行已经彻底转变为国有股份制商业银行。

对于国有银行改制上市应该采取哪种方案，当时有两种思路，第一种设想是整体上市，其中一种思路也是最保守的思路是国有银行统一按照股份制商业银行的模式，第二种是根据业务结构将四大行中建设银行和中国银行按照股份制商业银行的模式整体上市，而工商银行和农业银行改造合并为政策性银行；第二种思路是分拆上市，其中一种设想是按行政区域分拆，然后将国有银行分支机构按照区域股份制商业银行的模式分别上市，还有一种设想是每个国有银行的分支机构分别上市，并允许民间资本进入银行业，而总行采取金融控股集团的方式控制每一家分支机构。这些设想在当时都有激烈讨论，而结果是选择了最为保守的整体上市的方案。

国有股份制商业银行在整体改制上市之后可谓风光无限，据英国《银行家》杂志发布的年度排行榜显示，2011年中国银行业的利润几乎占全球银行业利润的三分之一，而2007年时这一比例仅为4%，其中以中国工商银行为首的三家中国银行占据了银行利润排行榜的前三位。其中，中国工商银行实现税前利润432亿美元，中国建设银行的利润为348亿美元，中国银行的利润为268亿美元。

但是在这些光鲜背后，国有银行改革仍有许多深层次的问题值得我们深入思考。第一，改制上市之后，尽管国有股份制商业银行的风险防范意识有所增强，但是增强风险防控的手段却是上收贷款的审批权，基层分支机构没有了贷款的审批权，所有的贷款审批权利都收归总行或省分行。这样的结果是，一方面基层分支机构失去了为服务地方经济的能力和动力，另一方面中小企业也由于过于繁琐而漫长的贷款手续而对国有银行的贷款望而却步。第二，由于商业银行具有营利性的目标，总行以及省分行更倾向于贷款批发，将贷款集中发放给大型国有企业或者大型房地产公司，这样就使得本就对贷款难以获得的中小企业更是雪上加霜，而将贷款过多地发放给大型国有企业或者大型房地产公司，也成为当前"国进民退"和房地产泡沫的深层次原因之一。第三，由于国有商业银行在商业化改造之后为了加强对金融风险的控制，包括农业银行在内的国有商业银行开始逐渐收缩县及县以下机构，并且在中小金融机构没有完全建立起来之前造成了相当一段时期对"三农"以及中小企业的"金融服务真空"。第四，由于中央政府在国有银行改制上市之后始终没有处理好买断"政府无形资产"的问题，致使商业银行一边享受着政府的隐性担保，一边在利率管制的情况下不断扩大利差，掠夺存款者和借款者的利益，从而使得国有银行在资产规模和盈利水平上都达到了世界顶级银行的行列，无意间将国有股份制商业银行培育成了庞大的利益集团，并成为利率市场化改革和存款保险制度建立的阻力之一。第五，在国有银行改革中引进外国战略投资者一直是众多学者所推崇的重要改革措施之一，目的在于通过引进战略投资者使国有银行在境内外能够成功募资上市，同时还能够借鉴国际先进管理经验，如公司治理、财务管理、风险管理、产品研发、信息技术发展等。在 2008 年金融危机以后，"战略投资者"们纷纷抛售或减持自身的股份，2008 年 12 月 31 日，瑞士银行率先开始减持行动，该行通过配售方式向 15 家机构售出其持有的所有中国银行 H 股共 34 亿股，总计套现约 62.6 亿港元。此后美国银行、香港李嘉诚基金会有限公司和苏格兰皇家银行相继抛售了中国建设银行 H 股以及中国银行 H 股，此次境外战略投资者减持套现国有银行股票，平均回报率均超过 50%。为什么境外战略投资者会在股权禁售期结束后就立刻减持或者抛售，并且减持或者抛售的是世界上最赚钱的中国国有股份制商业银行？最主要的原因就是国有商业银行自身"形似神不似"的治理结构和改革的停滞甚至倒退。所谓"形似"就是从表面来看，无论是从公司治理、财务管理还是风险管理来看，均达到了世界先进银行组织结构的水平，但是却远没有达到"神似"的标准，首先我国国有银行的高管仍然是由中组部来认命，而不是在市场上通过公开招聘选择最优秀的管理人员来管理；其次国有银行的行政级别在取消之后又悄悄恢复了，国有商业银行又成了半个政府部门；最后独立董事在实际公司治理中有的成了摆设，没能发挥其应有的作用，整个商业银行的运作仍然是听命于政府。可以说国有商业银行体制是在往回走，而不是向着市场化的方向前进，境外投资者正是看到了这背后隐藏的巨大风险，因此才纷纷选择抛售或减持。最后，国有银行在盈利能力显著增强之后，并没有将其服务重心放在更好地为存款人、投资者和广大人民群众服务上，相反却一味地追求成为世界性大型银行，并致力于更好地为高端客户服务，如在机场设立只有高端客户才能进入的 VIP 贵宾室以及设立各种 VIP 卡，而基层群众的金融服务得不到满足，导致许多民众将对银行的不满归罪于市场化改革，成为继续深化金融改革的反对者。

（四）对金融基础设施建设的反思

在我国，由中央政府出面对有问题的金融机构进行救助始于1995年中国人民银行对中银信托投资公司实施接管，这是我国改革开放后，因经营失败而被监管机构处置的第一家金融机构。此后，我国分别经历了五次对信托投资公司整顿、成立四大资产管理公司接管四大国有银行1.4万亿元人民币的不良资产、国家对国有商业银行进行两次注资、对农村信用社的为期三年的整顿以及对证券公司的综合治理。有学者估算，我国因此而花费了至少五万亿元人民币的救助费用（巫文勇，2012）。特别是两次对国有银行的救助，第一次是在1998年，中央政府通过发行2700亿元特别国债将筹措的资金注入国有银行，这是改革以来国家首次为国有银行补充资本金；之后，在2003年底，就在中国履行加入WTO过渡期金融开放承诺的关键时刻，国家又拿出450亿美元的外汇储备通过中央汇金公司向中国银行和中国建设银行进行再次注资。时隔不久，2005年4月，中央汇金公司和财政部又将另外一笔300亿美元的巨额资金注入中国工商银行的资本金序列，与此同时，2460亿元人民币的不良贷款由工商银行转移到一个"共管账户"。

尽管国家注资国有商业银行在特定的历史时期有其合理性，但是从长远的角度来看，也带来了一定的负面影响。首先，国家注资影响货币政策的有效实施。财政部发行2700亿元人民币国债向国有银行注资的行为，其实质就是变相地向市场投放基础货币，既影响了货币发行权的独立性，又使得中央银行货币政策的效果大打折扣；而中央政府通过中央汇金公司向国有商业银行注入外汇储备的行为，其实质仍然是向市场投放基础货币，货币量的异常增加必然引起经济过热和物价上涨，而政府又会反过来采取紧缩的财政和货币政策来抑制过热的经济和过高的通胀压力，这势必造成经济的异常波动，从而危害经济健康稳定地发展。其次，国家对金融机构的全面救助助长了金融机构的道德风险。政府的全面救助相当于政府为金融机构实行了隐性担保，诱使金融机构从事高风险业务。再次，国家注资会对其他金融机构形成不公平的竞争。国家对经营失败的金融机构进行无原则的救助就等于人为地改变了金融生态环境、破坏了金融市场的竞争与平衡态势、扭曲了市场机制，并且使得受救助的金融机构对其他金融机构形成不公平竞争。最后，国家对金融机构的全面救助会降低金融市场资源配置的效率。金融资源配置无效率的最直接表现是金融机构所形成的大量的不良债权以及由此导致的破产倒闭，而国家救助是以非市场的方式将金融资源强行配向经营不善或由于其他原因而濒临倒闭的金融机构，而不是允许其退出，其结果必然导致金融市场资源配置效率的降低。

那么，如果当初政府在救助金融机构时不是由中央政府出面向金融机构注资，而是把这笔资金用来建立存款保险制度、打造金融机构公平的竞争环境以及构建金融机构退出机制的话情况又会如何？首先，存款保险制度是构成一国金融安全网最重要要素之一，是金融安全网的最后一道防线，它不仅具有执行一般保险的基金管理和赔付功能，同时还能负责问题银行的清算和重组、接管处置其剩余资产或者重新注资等，可以说存款保险制度在稳定金融系统和维护公众信心方面意义重大，是存款人和实体经济最重要的保障之一。其次，构建金融机构退出机制和公平的竞争环境，让资金配置效率低下的金融机构退出市场，可以促进金融体系的健康发展，提升我国金融机构整体实力和竞争力，进而提高金融机构为实体经济、中小企业和科技创新服务的积极性。

（五）对金融机构救助方式的反思

基于政治、经济和社会等方面的原因，我国各级政府对有问题的金融机构实行的是隐性担保和全面救助的方式。有学者估算，各级地方政府为化解城市商业银行风险，处置城市商业银行历史遗留的包袱、解决不良资产问题，累计付出成本接近 1000 亿元人民币（唐双宁，2009）。

地方政府为救助经营不善的城市商业银行而直接注资，导致了地方政府对城商行的控制和干预能力进一步增强，城商行成为地方政府项目的主要资金来源，从而更进一步加剧了实体经济融资的困难程度。在分税制改革之后，由于财权和事权的不匹配，致使地方政府财政收入减少而财政支出增加，从而加剧了地方政府对资金的需求，与此同时，由于地方政府片面追求 GDP 以及以GDP 为核心的官员政绩考核制度，致使地方政府迫切需要财政之外的资金来维持地方经济的建设。而城商行在成立之初的目标和市场定位是服务当地经济、服务中小企业和服务当地客户。但是在政府注资城商行之后，城商行名义上还是股份制商业银行，但实际上已经成为各级地方政府控制下的"财政局"。地方政府不仅控制着城商行的人事任免权，而且还隐性干预着城商行的正常经营，通过规劝、诱导、诱使甚至施加压力的方式促使城商行将资金贷给政府项目和地方政府融资平台。以烟台银行为例，在2012年7月18日和8月29日，该行分别与烟台高新区管委会和城管局签订20亿元、10亿元授信协议，而该行在2011年年末的总资产才刚刚突破300亿元人民币。此外，一些刚刚由农信社改制而来的农商行也与地方政府签订信贷支持协议，其中不乏一些县级的政府和农商行，如河南伊川农商行与伊川县政府签订协议，今后3年该行将每年分别投放10亿元、12亿元、13亿元信贷资金，用于支持当地城镇化项目建设。

试问，如果当初在救助金融机构时不是由各级政府出资，而是放开银行业的市场准入，鼓励民间资本进入银行业的话，情况又会如何？首先，地方政府对城商行的控制会大大削弱，城商行对政府项目和地方政府融资平台的授信会有所减少，从而把更多的资金用到服务实体经济上；其次，城商行由于失去了来自地方政府的束缚，加之民间资本成为其股东，城商行会按照股份制商业银行的经营模式，以追求股东利益最大化的原则，服务实体经济；最后，引导民间资本进入正规金融体系，会大大减少其在正规金融体系之外的信用扩张，使各种游离于体制之外的民间金融更好更安全地为中小微企业供给资金，同时还能极大减少以投机为目的的民间资金流向房地产等市场。

（六）对金融创新的反思

金融创新的路径大致有三条，即金融产品、机构和制度的创新。而金融创新的目的是降低交易成本，分散和转移风险，实现资产保值增值，从而满足实体经济不同的需要。金融创新本身并不是错误，其根本原因就是过度的金融创新同时脱离了实体经济。大量的次级贷款通过极端复杂的金融创新被包装成为优质的金融产品并销往世界各地，其金融创新复杂程度不要说投资者，就连专业的评级机构也无法准确地评估其真正的风险，而实体经济并不需要如此复杂的金融创新产品，其只需要能够实现降低交易成本，分散和转移风险，实现资产保值增值的金融产品，并且该金融产品应该具备标准化、简单并且容易令投资者理解其风险和收益。金融创新一旦脱离了实体经济就必然会造成金融系统的不稳定，为危机的发生埋下祸根。

随着我国银行业改革的不断深入，监管制度的不断完善，以及客户需求的日趋多样化，银行业金融机构的金融创新在 2003 年以后呈现出了快速的发展，特别是在衍生产品交易、个人理财业务、资产证券化业务、银行卡业务等产品创新领域和投资设立基金公司、租赁公司、信托公司等机构创新领域都取得了较大的发展。但是尽管我国银行业金融机构的金融创新发展较快，但总体来看仍然处在初级阶段，金融创新的方向主要集中在资产类业务和中间业务，其中又以中间业务为主，而负债类业务的创新量明显落后于其他两类业务。中间业务的大量创新直接导致的一个结果就是影子银行体系不断壮大。

当前影子银行体系积聚了大量的风险，其中一个原因就是部分影子银行严重脱离了实体经济的需要，将大量资金用于制造资产价格泡沫，而不是更好地为实体经济服务，严重危害了我国金融体系的稳定。但是我们仍然要清醒地看到，不是所有的影子银行都是有害的，其中相当一部分影子银行是市场的有益补充，如为有前景的中小企业提供贷款，企业在年关需要调头寸，大型基建项目做到一半政策收紧，都需要影子银行及时地提供资金支持。甚至有的专家认为，没有影子银行，就没有中国的草根经济。可见影子银行体系并不是我国金融创新的过错，是市场需求的正常体现，而金融抑制和金融对外开放的滞后才是我国金融创新得不到发展的根本原因，由于改革滞后所造成的影子银行体系的风险必然要通过不断深化金融改革来不断化解，而对于那些不以为实体经济服务为目的的金融创新，则必须要接受严格的监管。

（七）对金融监管体制的反思

在中央政府和地方政府权利分配的问题上，学者和官员往往更加关注于财权和事权的合理分配，而对金融管理权限中中央和地方的分配问题却没有得到人们的足够重视。在过去十年，我国金融市场结构有两个显著的变化，其一是地方性金融机构（如城市商业银行、农商行、小额贷款公司和担保公司等）如雨后春笋般成立，据统计，截至 2011 年末，地方金融机构（法人）3510 家、从业人员113.56 万人，分别占银行业的 92.4% 和 35.5%。同时众多的地方金融机构盲目地扩大规模跨区域跨省经营，而且违规借贷给地方政府融资平台和政府项目，致使某些城商行出现不良资产反弹。其二是民间金融愈演愈烈，民间借贷市场日趋高息化和全民化，其中不乏正规金融机构违规参与民间高利贷，有学者估计，我国民间金融的总规模保守估计是 3 万至 4 万亿元人民币，而激进的估计则说已近10万亿元的规模。与此同时，尽管在过去十年我国金融监管体系建设不断完善，金融监管水平不断提高，但是我们仍然要清醒地看到，当前我国金融监管体系仍然存在着协调机制不畅、监管范围狭窄和监管手段单一等问题，特别对地方金融机构和民间金融监管严重不足，监管体制相对滞后。

本文认为造成监管体制相对滞后原因主要来自内外两个方面。首先，从监管机构内部来看，县级监管办事处职能定位模糊，监管履职乏力。在过去，由于实行分局负责统一调配监管资源，县级监管办事处的职责没有明确的界定，监管工作的内容也不具体，其工作仅限于"站岗、放哨、拉警报"，同时县级监管办事处只有现场检查权，而没有行政处罚权，对检查出的违法违规行为只能做出监管建议而不能对其实施行政处罚，此外人力资源严重不足也是导致县级监管办事处无法有效履行其监管职能的重要原因。

其次，在中央金融监管机构之外，各个地方政府相继成立了以履行地方金融管理为职责的地方金融工作办公室（以下简称金融办），据统计，自2002年上海金融办成立以来，到2009年底，我国已有26个省级政府、222个地级以上的城市成立了隶属于政府的金融协调机构，一些县市政府甚至区级政府也成立了相应的机构。从这些年实践经验来看，尽管金融办在维护区域金融稳定、推动本地区金融市场建设方面作用明显，但是其仍具有诸多问题需要解决。首先，金融办的职能有待明确和统一。有的地方金融办的职能以服务政府和企业为主，有的地方以监管金融机构为主，还有地方金融办兼顾服务与监管的职能，这就有个问题必须要回答，地方金融管理部门的职能究竟是应该着眼于防范金融风险、维护地方金融稳定，还是服务地方经济、促进地方融资？很显然，金融办为企业服务或为政府融资的职能与金融监管职能是冲突的，因为一个单位不能既是市场的参与者又是市场的管理者，而同时兼顾服务和监管职能的金融办显然会为了地方经济的发展而不惜违规。2009 年，河北农信社系统动用 397.5 亿元资金，违规为地方融资平台提供项目资本金，其背后的推手之一正是河北省金融办。其次，由于金融办的职能不明确，必然会导致其与"一行三会"在监管层面发生冲突。由于地方政府内在地具有主导金融资源配置的强烈动机，而"一行三会"的派出机构虽然不归地方政府领导，但在开展工作时必须得到地方政府配合，因此金融办作为地方政府的代表会从地方的利益出发，有的地方干涉监管机构的正常工作，甚至做出与"一行三会"监管决策相悖的决策。

可见，造成地方金融乱象的重要原因之一显然是金融监管体制严重落后于经济现实，对金融监管体制的纵向改革已经刻不容缓。

（八）对货币政策的反思

货币政策是一国进行宏观经济调控的重要工具之一，对保持经济增长、稳定物价水平、促进充分就业和维持国际收支平衡具有重要的作用。但是在具体执行货币政策时，人们逐渐认识并发现了统一货币政策和区域经济发展非均衡性的问题，即货币政策存在区域差异效应。所谓的区域差异效应是指不同地区在面对统一的货币政策调控时，各地在产出和价格水平上会对货币政策变动的反应程度和时滞上存在差异，这种差异的存在会弱化货币政策的执行效果，加剧各地区经济发展的不平衡。由于我国各区域之间在经济结构、产业结构、金融结构和企业融资能力等方面存在较大的差异，因此我国在执行统一的货币政策时同样会存在区域差异效应，这一点已经被我国众多学者所证实。尽管货币政策在我国存在区域差异效应在理论界和实务界已基本达成共识，但是由于中央银行在制定货币政策时是从整个经济金融的运行情况考虑，而不是以区域经济金融的发展状况为依据，因此未对不同区域间采取差别化的货币政策。近年来中国人民银行已经开始尝试差别化的货币政策，其主要措施就是差别化的存款准备金率。尽管差别化存款准备金率已经出现在支农、扶持中小企业、支持西部发展、支持灾后重建等政策措施的组合拳中，并且已经体现出其在有针对性地促使信贷资金更多投向国家政策倾斜的方向、支持经济结构调整、优化方面的重要作用，但是不可否认当前我国区域间非均衡发展的难题仍然存在，国家过度依靠于产业政策，而货币政策的作用仍然有待加强。

本文认为当前制约着中央银行无法执行区域差别化货币政策的主要原因就在于没有充分利用好大区行的优势，首先，中国人民银行大区行的职能定位不清晰。中国人民银行实行大区行制度是从1999 年 1 月 1 日开始的，当时人民银行机构改革的主要目的是为了增强中央银行的独立性，减少地方政府对人民银行分支机构在货币政策制定和执行中以及银行监管方面的干预，而大区行在设立之初的职责主要分为执行货币政策、货币信贷、金融监管三个方面。但是由于当时大区行并不具备较强的研究能力、政策制定和执行能力，同时央行分支机构工作的开展仍然离不开地方政府，于是不久之后，总行明确规定将货币信贷职能又交回各省中心支行负责。在2003 年银监会成立之后，金融监管的职责也被划分出去，此时大区行只剩下执行货币政策职能。而在货币政策中，公开市场操作是由总行来完成，法定存款准备金率也是由总行统一调节，再贴现工作基本上都由所在省中心支行执行，而大区行只剩下人事管理权。可以说现在的大区行已经是名存实亡，这与当初成立大区行的目的是严重相悖的，大区行完全没有发挥出其在执行区域货币政策中应有的作用。第二，中央银行分支机构行政级别和职务不匹配，导致其在行使职能过程中阻力过大。按过去我国行政级别规定，国有商业银行省分行为正司局厅级，而人民银行大区行也同为正司局厅级，省会中心支行仅为副司局厅级，所以具体负责业务的中心支行的行政级别还低于商业银行，尽管这样来比较可能有些官僚化，但实际情况确实如此。此外，由于人民银行分支机构行政级别不合理，直接会导致央行分支机构在执行货币政策时独立性降低，尽管分支机构直属于总行，但在具体工作中仍然需要地方政府的配合，因此在现行政治体制下很难保证地方政府官员不会利用行政级别上的优势来干预货币政策的执行，中央银行独立性受到严重威胁。

三、基本判断、结论与政策建议

（一）基本判断

1. 非金融改革之错，而是金融改革路径有误

自改革开放以来，金融改革的成就是有目共睹的。国家经济实力不断增强，人民生活水平不断提高，金融系统抗风险能力不断增

强，金融机构经营管理水平和效率的显著增强，社会融资渠道不断扩宽，民众的金融参与程度不断提高等等，这些成就都离不开金融改革与创新，可以说如果没有金融改革，我国经济不会有如此健康稳定的发展，人民的生活水平也不会有如此大的提高，因此金融改革功不可没。但是我们也要清醒地看到，过去的一些改革措施在事后看来是有问题的，其根本原因是改革的路径有误。过去的金融改革过多地关注了金融机构的抗风险能力，而忽略了金融改革的根本任务和根本的出发点是更好地为实体经济服务。如鼓励城市商业银行跨区域经营。城市商业银行作为地区性的金融机构，其根本任务是服务当地经济，服务中小企业，服务当地客户，而有关部门非但没有敦促城商行深耕细作为当地中小企业服务，反而鼓励城商行跨区域经营，其根本目的都是为了增强金融机构的经营效益和抗风险能力。还有农村信用社的改革，其改革的最终目的同样是为了增强农信社的经营效率和抗风险能力，所以才会通过模仿国有商业银行的所谓"成功经验"，以改变治理结构的方式提高农信社的经营效率和抗风险能力，却没有考虑到以通过"去合作化"来实现股份制改造的农信社能否满足我国农村经济的需要。尽管经营效率和抗风险能力确实是我国金融机构要解决的一个重要问题，但是在解决金融机构经营效率和抗风险能力时，必须要将更好地为实体经济服务作为其重要前提，任何金融改革和创新如果脱离了更好地为实体经济服务这个大前提，那么这个改革和创新本身也必然得不到好的结果。因此，金融改革必须以能够更好地为实体经济服务为前提，只有这样，改革的路径才不会走错，金融改革才有可能成功。

2. 金融改革过慢，而非金融改革过快

关于当前金融体制改革的步伐是过快还是过慢的问题，学术界和实务界已经展开了讨论。一些人认为当前经济社会中的许多问题，如实体经济融资难、房地产市场泡沫、"三农"以及影子银行等问题都是由于过去的金融改革和金融创新过快，超过了实体经济现阶段的需求所导致的。但是，通过之前的反思不难发现，当前经济社会中存在的问题并非是金融改革过快，相反是因为我们的金融改革方案过于保守所致。首先，国有企业在改制上市时采取的方案是整体上市的保守方案，其结果是掌握着国家最多金融资源的金融机构，脱离了最具活力最具创新力也最为重要的经济基石——中小企业，转而投向国有企业、政府项目和房地产市场，"国进民退"和房地产泡沫无不与此有关，同时国家在无意间塑造的金融巨无霸的利益集团，阻碍着金融体制的进一步改革，成为金融改革的阻力之一。其次，我国金融基础设施建设严重滞后，特别是我国仍然缺乏市场化的金融机构救助机制和退出机制，而存款保险制度和社会信用体系建设也严重滞后。对问题金融机构仍以政府直接注资为主要手段，这就直接导致了金融市场资源配置效率的降低，破坏公平竞争的市场环境，以及众多城商行的职能政府化，这些问题都间接地加剧了中小企业融资的难度。而存款保险制度是国家金融安全网的重要组成部分，是保护存款人的重要制度保障，对彻底解决国有银行和地方银行长期以来政府隐性担保的问题有着极其重要的作用，此外，在众多中小金融机构特别是民营银行成立以后，存款保险制度也是保证民营银行能够顺利经营，正常参与银行间市场竞争

的重要制度保障。而社会信用体系建设特别是企业信用体系建设对解决中小企业融资难问题具有重大意义，可以使中小企业通过信用贷款的方式获得融资。可见，我国金融改革的步伐并非过快，而是相对滞后，并且严重制约着经济的发展。

（二）结论：金融改革应加快步伐，而不应过于求稳

在过去我国实行的多是渐进式改革，这一点已经成为学术界的共识。渐进式改革以传统计划体制中最薄弱的环节作为突破口，采取的是由易到难、逐步过渡、逐步推广和到位的策略。这种改革方式并不会马上触及经济体制的难点问题，不会立即破坏现存的社会秩序和经济秩序，这种制度变迁的方式对经济的推动也使大多数人得到了实惠，这样就极大减少了改革的阻力，使改革赢得了广泛的社会支持，最大程度地降低了改革的风险。此外，渐进式改革还要求，当过去的改革不适合当前生产力发展要求时，必须对前期改革出现的有悖于社会经济发展目标的许多新的问题和"新"的体制进行"二次改革"甚至多次改革。例如，对"双轨制"、承包制、分税制和金融体制等的进一步改革与完善，其实质是渐进式改革的必然要求。因为渐进式改革的制度设计不是一步到位的，一项改革措施在某种意义上仅仅是下一步改革的中介和准备。美国次贷危机的爆发可以说是我国重新构建金融安全体系，对金融体系进行"二次改革"的绝佳时机，我们本应充分利用这个时机来完善金融体系。但可惜的是，我们没有利用好这个机会对金融体制进行更加深入的改革，这不得不说是一种遗憾。因此未来的金融改革，我们必须要加快步伐，而不应过于求稳。

（三）政策建议

1. 金融机构必须下沉

在过去金融机构改革中，国有大型银行在追求着成为世界性的大银行，而地方性的金融机构想通过跨区域经营成为全国性的大型银行，所有的金融机构都在上浮，都想做大做强，因此直接导致了金字塔底部的空虚——实体经济融资难、中小企业融资难、科技创新融资难等。因此我们建议：第一，金融机构的服务重心必须下沉。金融机构相关服务领域要深入地方，要更加贴近市场、贴近客户、贴近实体经济，不断努力为小微企业提供专业、专注、综合性的金融服务，让小微企业也可以享受全方位的金融服务。此外，金融机构工作人员也应深入基层，宣传金融知识、提供产品与服务，了解中小企业和普通农民的生产和资金需求情况与规律，了解他们对融资与投资的需要，让金融产品与服务更加符合地方特色。第二，金融机构营业网点下沉。首先，国有大型银行应该发挥资金优势和管理优势，将分支机构向下延伸，切实扩大金融机构的基层覆盖面，此外国有大型银行还可以设立专门从事小微业务的部门，让中小企业都能快速、便捷地享受到金融服务。其次，地方性金融机构应切实发挥其"地缘"和"人缘"的优势，将分支机构拓展到国有大型银行无法触及的欠发达地区，切实担负起服务小微企业和服务三农的重任。最后，放宽银行业市场准入，逐步将民间资本引入到正规金融体系中，鼓励民间资本创办乡镇银行和其他形式的金融合作组织，真正调动起民间金融的积极性。

2. 金融监管必须下沉

《中共中央关于全面深化改革若干重大问题的决定》指出，落实金融监管改革措施和稳健标准，完善监管协调机制，界定中央和地方金融监管职责和风险处置责任。由于过去金融监管体制改革的主线没有在纵向层面进行放权让利，因此造成了金融监管体制严重滞后的局面，所以本文建议未来金融监管体制改革应加强纵向层面改革，建立权责分明的分层监管体系。所谓分层监管体系即建立中央、省级和市县级三层的监管体系。对于全国性的金融机构，如国有大型商业银行、跨区域经营的城商行和农商行、交易所以及新兴的互联网金融等，因为其营业网点、业务范围和引发的风险是全国性的，因此应该由中央金融监管机构负责监管；对于在一省之内设立的金融机构，如省联社和在省内跨区域经营的城商行等，应由省级监管机构负责监管；而对于市县级的金融机构，如村镇银行、小额贷款公司和担保公司等，因为其风险多为地方性的，因此应该由市县级监管机构负责监管。具体来说：第一，明确地方政府和地方金融办在金融监管中的职能，将金融办纳入正规的监管体系。首先，国家层面应制定并出台有关地方政府金融管理工作的指导意见，规范地方金融管理，完善地方金融监管制度；其次，要明确地方政府对地方性金融机构应有的责任，改变过去只管审批不顾风险的行为模式，地方性金融机构产生的风险必须由地方政府负责，权责要对应；最后，明确地方金融办的职能，地方金融办只能拥有金融监管的权利，不再涉及负责地方经济发展的职能，改变其既是监管者又是市场参与者的局面，同时中央金融监管机构应下放监管权限，将金融办纳入正规金融监管体系。第二，明确中央金融监管部门分支机构职能。首先，中央金融管理部门应依法履职，避免因职责重叠而造成监管真空并影响监管效率的现象发生。其次，中央金融管理部门的分支机构要认真维护金融稳定，保持金融秩序，重点监管全国性的金融机构。最后，从维护大局和支持地方经济发展出发，中央金融管理部门应积极推动地方法人金融机构的改革和发展，解决中小企业贷款难的瓶颈，加大县域经济发展支持力度，扩大金融机构和服务覆盖面，缩小城乡收入差距，促进经济金融协调发展。第三，协调好中央和地方金融监管部门的关系。由于当前金融监管部门实行的是垂直领导，因此具有较高的独立性，但是由于各个地方情况不同，因此防范和处置金融风险又需要地方政府的参与和配合。因此，在确保中央金融管理部门分支机构行使职能的独立性的前提下，建立中央和地方金融监管协调机制是十分有必要的，建议成立由地方金融办和中央金融监管分支机构共同组成的金融监管协调平台，通过信息共享，共同分析问题解决问题，最终化解金融风险。此外，中央金融管理部门和地方金融办应分类发放牌照，地方监管机构为地方性的金融机构发放牌照，全国性的或区域性的金融机构的牌照则应由中央金融管理部门负责，在发放牌照前严格区分，并在发放牌照后严格监管，杜绝金融机构盲目扩大规模的发生，鼓励其深耕细作，为本地经济服务。

3. 货币政策必须下沉

一些学者认为大区分行的存在已经是名存实亡，应该将其撤销掉。但是我们认为大区分行非但不能撤销，反而还应该强化其权限，更好地利用优势。第一，重新明确大区行的职能，赋予大区分行更多的职权。理论和实践都证明，如果统一的货币政策在执行的过程中忽视了地区经济和金融发展的差异，那么货币政策的有效性将大打折扣。因此，为建立有效的区域金融调控体系，应该在总行统一制定货币政策的前提下，赋予中央银行大区分行在一定范围内的灵活调剂权。第二，加强大区分行统计调查和研究能力。大区分行应该担当起区域金融信息服务中心的角色。大区分行要积极收集和整理辖内经济金融统计数据，调查国家货币政策和其他金融政策在辖内贯彻执行的情况，向上级行和地方政府的决策提供有价值的信息支持。优化分支行内部的业务部门设置，加大调研力量，为增强大区分行的研究和调查能力提供组织保证。要借鉴美联储地区联邦储备银行的做法，积极创造有利条件，在大区行内培养和形成一批职业的区域经济学家和区域金融学家，使其专职从事政策研究、金融调查和统计工作，为货币政策决策提供第一手的资料。第三，提高人民银行分支机构的行政级别。为了使人民银行分支机构能够更好地履行其职能，纠正行政级别和行政职能的不匹配，建议将大区分行提升为副省部级。

4. 尽快建立存款保险制度，建立金融机构退出机制，提高金融体系效率

《中共中央关于全面深化改革若干重大问题的决定》指出，建立存款保险制度，完善金融机构市场化退出机制；加强金融基础设施建设，保障金融市场安全高效运行和整体稳定。在我国国有银行和金融机构明确向着市场化和商业化的目标改革之后，应该迅速建

立起与其配套的市场化退出机制。因为金融机构是金融体系的微观基础，经济基础决定上层建筑，金融机构的市场化改革就必然要有市场化的退出机制相配合，既然将金融机构交给了市场，那么就不能再以行政手段来干预金融机构的正常经营，因此，在当时应尽快建立存款保险制度、社会信用体系以及市场化的金融机构救助机制和退出机制等配套措施。

执笔：魏加宁　杨坤